扈三娘（清_陆谦）

二乔（清_佚名）

婴宁（清_佚名）

洛神(宋_佚名)

崔莺莺（清_禹之鼎）

班婕妤（明_唐寅）

苏蕙（清_佚名）

管道昇（清_佚名）

怀忧终年岁

中国古代女子生存实录

马瑞芳 著

天地出版社　TIANDI PRESS

男权霸语下的美女、才女、怨女、妒女

今天我给大家讲的是:中国古代男权霸语下的美女、才女、怨女、妒女。

请注意,我说的不是"男权话语",而是"男权霸语"。所谓"男权霸语",即男权意识是社会主流意识形态,男性霸占历史和文学的话语权,霸凌女性形象的解释权和塑造权。

倍倍尔①在《妇女与社会主义》里说:"女性的地位是衡量一个民族文明程度的最好尺度。"而中国古代不少男性作家在女性问题上都是缺乏良知的。

---

① 倍倍尔:奥古斯特·倍倍尔(August Bebel,1840—1913),德国社会主义者,德国社会民主党创始人之一,著有《妇女与社会主义》等。——编者注

《荷马史诗》写为了美丽的海伦，希腊联军与特洛伊人打了十年仗，而特洛伊元老院的元老们看到海伦时却说，为这个女人打十年仗，值得！

如果在中国古代，这种话能说吗？海伦必定会被认为是红颜祸水，且得到"祸水"应得的下场。正如《封神演义》中，商纣王被狐狸精所惑，那么，这个狐狸精最后就得被姜子牙斩杀。又如，开创过"开元盛世"的唐玄宗因宠幸杨贵妃而逐渐怠慢朝政，最终导致"安史之乱"，那么，这个曾经给唐玄宗父子提供"性服务"的美女就得被白练勒死。

中国古代几千年来都是男人掌控话语权。在文学方面，不管是诗词、散文，还是戏剧、小说，占据统治地位的也都是男性。谭正璧《中国女性文学史·女性词话》曾考察过，1840年之前女性小说家仅有《元明佚史》的作者汪端和《谪仙楼》的作者陈义臣，这两本小说现在也已不传。在古代小说里，男性作家经常站在"男子至上"的立场，用"男尊女卑"的观点来审视和描写女性，漠视甚至蔑视女性。如果没有伟大的女性主义者曹雪芹，特别是如果没有难得的女性主义者贾宝玉，那么，中国古代小说在女性话题上将远远落后于欧美作家。当然例外总是存在的，比如，和唐诗并称"一代之奇"的唐传奇。

2002年有一部很有名的电影《时时刻刻》，讲述三个不同时代欧美女性的生存困境。我发现，和中国古代女性的生存困境相比，《时时刻刻》中讲述的女性困境实在属于"小儿科"。中国古代女性的头上有一座沉重的男权大山。男性享受最大的性自由，女性则遵守严格的性禁锢。丈夫可以妻妾成群，寻花问柳；妻子则必须从一而终，守身如玉。而有着至高男权的男性作家还要给冲破性禁锢的女性加上"淫奔无耻"的罪名，进行口诛笔伐。

我在三十年前涉及女性话题研究，1993年中国古代小说国际研讨会上，我的发言题目是《女性意识在〈三国〉〈水浒〉中的空前失落》，我提出《三国演义》《水浒传》这两部世界名著太不尊重女性，《三国演义》成了女性的"文学贞节碑"，《水浒传》成了女性的"文学耻辱柱"。我的发言在会上引起了很大争议，六个国家和地区的男性专家跟我商榷，实际上是不同意我的意见，但是我坚持自己的观点，并且在下一次的国际研讨会上报告《〈聊斋志异〉的男权话语和情爱乌托邦》，对我研究几十年的蒲松龄的男性观提出了批评。同时，我还在《齐鲁晚报》开设专栏《趣话李清照》，探索中国古代第一才女李清照在男权重压下不断拼搏并留下清词丽句的人生。比如，她早期的词和她的婚姻有什么关系？她的所谓"神仙眷侣"的婚姻为什么不幸福？她为何再嫁，然后又坚决离婚？2016年，中华书局《文史知识》杂志邀请我开设专栏《趣话美女》，这是我在《文史知识》开设的第五个专栏。我把中国古代怎样评价美女、鉴赏美女、精雕细刻美女，以及美女和政治的关系、四大美女的命运写进专栏，一月一期，发了一年。现在，我把三十年来研究、思考的女性问题提炼出来，归纳成"男权霸语下的美女、才女、怨女、妒女"主题，跟大家分享。

目录

第一章 中国经典文学作品中的女性形象

- 003　从好莱坞电影《时时刻刻》谈起
- 007　从女性角度研究古代小说的开端
- 011　唐传奇：尊重女性，爱情至上
- 016　《水浒传》中的"坏女人"
- 023　好汉上梁山的引子
- 028　"三大淫妇"也有隐情
- 034　"权"是三国女人的生命
- 039　"慈母"不"慈"
- 044　妻子如衣服
- 049　英雄必过美人关
- 053　诸葛亮、小乔成情侣

第二章 男性作家笔下的情爱乌托邦

- 061 "文学贞节碑"和"文学耻辱柱"
- 065 国际研讨会的"性别围攻"
- 070 蒲松龄的男权话语
- 075 子嗣至上
- 079 二美共一夫
- 085 蒲松龄的情爱乌托邦
- 090 优美的爱情故事
- 095 伟大的女性主义者曹雪芹
- 099 难得的女性主义者贾宝玉

第三章 古代女性的外貌与品格

- 107　美人如花化仇怨
- 111　美女的标准
- 116　被误读的"沉鱼落雁，闭月羞花"
- 121　中国古代美女的典范描写
- 124　春秋天然美人
- 129　涂脂抹粉战国女
- 135　精雕细刻的美女工程
- 140　虞姬：白天鹅的临终哀歌
- 145　涂山氏襄助大禹
- 149　妇好：殷商了不起的美女英雄

第四章 历史上著名的『红颜祸水』

157	妹喜:"红颜祸水"始作俑
162	商纣王英雄成暴君
169	"教纣为虐"的妲己
174	褒姒:烽火戏诸侯
179	宠美女春秋霸主成苦主
184	夏姬:载入正史的著名"祸水"

第五章 心生怨妒的古代女性

- 193　霍小玉：痴情女子负心汉
- 198　崔莺莺：被始乱终弃的大家闺秀
- 202　"怨女"惨烈复仇
- 207　"长门"和"秋扇"
- 213　悔教夫婿觅封侯
- 219　从戚夫人到冯小青
- 225　悍妇薛素姐

231　结语

第一章

中国经典文学作品中的女性形象

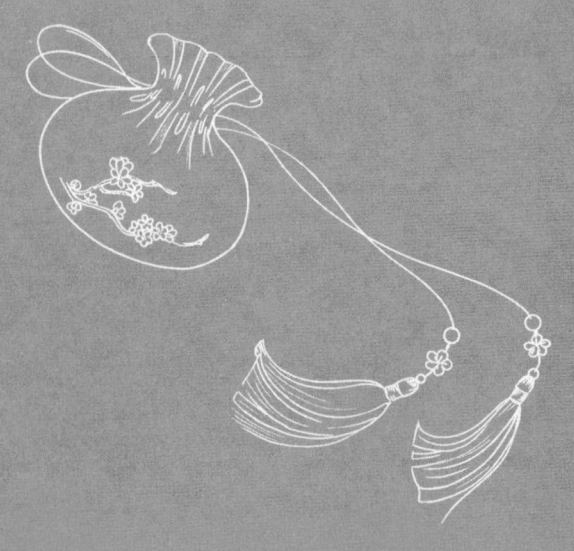

从好莱坞电影《时时刻刻》谈起

中国古代的女性，不管是貌若天仙、才华横溢，还是出身于贵族、高官甚至皇室家庭，她们中的大多数却都在男权霸凌的阴影下艰难地生存着。她们即便奋力地抗争过，最后也依然活成了美丽而悲惨的传说，比如"四大美女"西施、王昭君、貂蝉、杨贵妃以及才女谢道韫、蔡文姬、李清照等。

虽然我们讨论的是中国古代的女性，但我们要从2002年的好莱坞大片《时时刻刻》说起。《时时刻刻》由三位知名女明星联袂主演。第一位妮可·基德曼，她曾经出演过《红磨坊》；第二位朱丽安·摩尔，她曾经和哈里森·福特出演过《亡命天涯》；第三位梅丽尔·斯特里普，我特别喜欢她和克林特·伊斯特伍德主演的《廊桥遗梦》，男女主角并不年轻，可能也不是传统意义上的"俊男靓女"，但他们的演技却是当代影坛的"天花板"。三位奥斯卡金像奖得主出演《时时刻刻》，难怪这部影片后来跟《钢琴师》一起获得了第七十五届奥斯卡最佳影片提名。影片表现了三个女性在看似安稳、幸福的生活环境中内心如何焦虑，甚至会像莎士比亚笔下的哈姆雷特那样，思索"活着还是死去"。

电影《时时刻刻》的主角是三个身处于不同时代的女性。第一个是二十世纪前半叶的著名英国女作家弗吉尼亚·伍尔夫，由妮可·基德曼扮演；第二个是第二次世界大战后生活在美国洛杉矶的生活富足、家庭美满的劳拉·布朗，由朱丽安·摩尔扮演；第三个是二十一世纪美国纽约的职业女性克拉丽莎·沃恩，她生活独立、自由，由梅丽尔·斯特里普扮演。电影沿着伍尔夫的名作《达洛维夫人》这条线索向前发展，用这部小说将伍尔夫本人以及后世两个受这部小说影响的女性串联起来。

第一个女性弗吉尼亚·伍尔夫是女性主义的先驱，她的代表作《达洛维夫人》是意识流小说的经典之作。小说主角之一、光彩照人的中年贵妇达洛维夫人，整年都在忙着举办或参加舞会、聚会之类的活动。有一天她在给丈夫准备晚宴时，突然意识到自己的人生一直在谎言、闲聊中度过，少女时代的玫瑰色幻想根本没有实现。她渴望自由，但又无法冲破上流社会的束缚，她痛苦、彷徨，但最终选择向现实妥协。在电影中，伍尔夫虽然有丈夫无微不至的关怀，有仆人的照顾，过着安逸的生活，但她不能忍受内心的煎熬，最后在口袋里装了石块，沉河自杀。

第二个女性是二战后生活在美国洛杉矶的布朗夫人，她有爱她的丈夫和聪明的儿子，衣食无忧，还怀了二胎，看起来非常幸福。但她却觉得生活中所有事都是丈夫安排的，连买束什么样的花自己都不能做主。她读着伍尔夫的小说《达洛维夫人》，对照自己的生活，越想越觉得自己的生活没意思，也产生了自杀的念头。她丢下不停哭喊着"妈妈"的儿子，开车去了一家旅馆。她躺在床上，床边放着好几瓶安眠药，象征死亡的潮水已经向她涌来。她抚摸着隆起的肚子，忽然想通了，觉得应该按自己的意愿继续活下去，于是又回到了家里。她在生下第二个孩子后，抛弃了丈夫和孩子，一个人去了加拿大，在当地图书馆找了一份工作，没有再结婚。

第三个女性是二十一世纪生活在美国纽约的职业女性克拉丽莎·沃恩。她与一个女友同居，同时与她的初恋男友保持联系，两人在相恋后才意识到各自的性取向。这个初恋男友是一个诗人，又恰好是第二个女性布朗夫人当年遗弃的儿子。诗人这个时候已经患上了艾滋病,而他的诗又刚刚得了大奖。克拉丽莎给他准备了一个庆祝派对,去他家里接他时,却发现他正准备自杀。诗人对克拉丽莎表示,自己能活到现在完全是为了她,说完便坠楼自杀了。克拉丽莎在经历了沉重的打击后,还是坚强地活了下去。

电影《时时刻刻》第一女主角——女作家伍尔夫,是西方女性主义的代表,她的女性主义代表作《一间自己的房间》倡导女性在政治、经济上独立,强调了女性写作的差异性和记录一般女性生活的必要性。电影结局是伍尔夫留给丈夫一封信之后投河自尽。信中说:"亲爱的伦纳德,要直面人生,永远直面人生。了解它的真谛,永远地了解,爱它的本质。然后,放弃它。"直面人生、爱人生的本质,这些都可以理解,最后为什么要放弃它呢?影评家对此一直争论不休。

看过《时时刻刻》后,我的感想却是:这三位欧美女性的内心苦闷和生活困境,跟中国古代的女性相比,实在是小巫见大巫。中国古代的女性长期被置于次要的、从属的、被支配的地位。《诗经》早就写过,生了男孩儿就给他美玉拿着玩儿,叫"弄璋之喜";生了女孩儿就给她纺车上的零件拿着玩儿,叫"弄瓦之喜"。汉代以后,女性进一步受到封建道德的禁锢,男尊女卑,夫为妻纲,女子要遵守"三从四德",不管什么事都是男人说了算,女人只能听从男人的安排。中国古代多少女性都生活在男权的霸凌之下,在夹缝中生存的她们创造了中国文学中一批独特又典型的形象:"怨女"和"妒女",即幽怨的女人和妒忌的女人。在很多古典名著比如《三国演义》《水浒传》《聊斋志异》中,男作家用霸凌的态度书写女性的现象也是屡见不鲜。

从女性角度研究古代小说的开端

我从女性视角审视古代小说中的女性命运,是从1993年在北京香山举办的中国古代小说国际研讨会开始的。我常半开玩笑地说,在那次盛大的国际研讨会上,我这个中国女学者发言后,有六个国家和地区的著名男学者都表示不同意我的观点。恰好我当时在《中国文化报》有个专栏《人文风景线》,于是我用调侃的笔调发了一篇文章《国际研讨会的性别围攻》。而国际研讨会的论文,成为我1993到2023年这三十年间从女性角度研究中国古代小说女性形象的开端。

1993年由法国社会科学院和中国社会科学院联合举办的中国古代小说国际研讨会,邀请全世界研究中国古代小说的名家参加。

与会学者共九十位，中国大陆学者四十五位，港台学者近二十位，外国学者近三十位。参会的中国大陆女学者是中国社会科学院文学所的孙一珍教授和我。

参加学术会需要准备论文，古代小说的论文通常都会写到版本考证、源流演变、思想艺术成就、中外小说对比等内容。我在准备论文时突发奇想，自己这次不如变个角度，从女性角度重新审视中国古代长篇小说的开山之作《三国演义》和《水浒传》。这两部小说我已经讲了十几年，不知读了多少次，但是我一直对小说里的女性描写很不满意。从这个角度分析这两部名著，我在课堂上从来没这样给学生讲过，现在到这个国际舞台上，我要讲讲我对这两部名著中的女性描写是如何不以为然。

我之所以在1993年从女性角度重新审视两部世界名著，还有个特殊原因，就是我在这一年刚刚出版第一部长篇小说《蓝眼睛·黑眼睛》，我到香山开国际研讨会的时候，小说刚刚印完。研讨会开完不久，新华社刊发了《蓝眼睛·黑眼睛》的书讯，山东大学吴富恒校长就这部小说发表了讲话，几位著名的评论家也发表了评论。《蓝眼睛·黑眼睛》在当时成了街头畅销书，后来中国社会科学院文学研究所将这部小说写进《中华文学通史》第十卷《当代文学编》，中国作家协会和国家新闻出版署将这部小说评为

"八五"期间优秀长篇小说,同时评上的还有王蒙先生的《活动变人形》。1987年版电视剧《红楼梦》的导演王扶林,还在1996年将《蓝眼睛·黑眼睛》的电视剧版搬上荧屏。

《蓝眼睛·黑眼睛》特别关注校园女性的命运,女主角丛雪和瑞典留学生马尔克产生爱情,这种事在今天司空见惯,但是对改革开放初期的大学生来说,可是个大难题。丛雪不能理解马尔克曾经跟女朋友生过孩子又分手,于是她选择离开马尔克,并一厢情愿地让马尔克回到前女友和孩子身边。后来她报名支援边疆担任新闻记者,结果在雪山上殉职。这是中国和外国两种不同的道德观念造成的爱情悲剧。丛雪最要好的女同学毕天嵩却能够审时度势,先是帮助马尔克跟丛雪联系,在丛雪去世后又和马尔克走到了一起,花好月圆。小说里有两个中年女教师米丽和汪弋,米丽恪守职业道德,认真教书、读书、写书,为人处世书呆子气十足,在评职称、评优秀教师等事上一再败给擅长溜须拍马、弄虚作假的汪弋。我一边写小说一边思考,为什么至今在大学校园里,女性依然活得比男性更艰难?为什么中国古代小说的研究者,很少有人站在尊重、同情女性的立场,审视满脑子大男子主义的男作家?

1993年的时候,中国的女性主义研究还远远不成气候,我除了看过法国女作家波伏瓦的《第二性》，对女性主义理论没有多么深入的研究，忽然要从女性角度审视古代小说，可以说是出于本能的想法，因为自己就是喜欢不断开拓写作方法、研究方法，走他人没走过的路，写他人没写过、自己也没写过的东西。我想为古代女性遭遇的不公发声，也因为我受到过特殊的家庭影响。我父亲有个与众不同的观念，他要求我们家"男女平等，女略高于男"。我母亲的地位就略高于父亲，家中女孩儿的地位从来不比男孩儿低。其实论社会地位，我父亲曾经是青州地区的名医，担任过益都县副县长、山东省民族事务委员会副主任，当选过全国人大代表等，而我母亲只是一个读过私塾的小脚老太太。但是我父亲对我母亲相当敬重，精心呵护她半个多世纪。我们小的时候父母就说，马家孩子男女一个样，将来不一定做官发财，但是都要好好读书，为国效力。女孩儿要有志气做替父从军的花木兰，做文采风流的黄崇嘏。一般那个时候多子女家庭经常是男孩儿读书，女孩儿早工作、早嫁人，而我们七兄妹却都在二十世纪五六十年代考上了名牌大学。受这样的家庭环境的影响，我特别想为中国古代女性"张目"，看看在那些最著名的作家比如罗贯中、施耐庵、蒲松龄的笔下，在《三国演义》《水浒传》《聊斋志异》当中，女性描写都存在些什么问题。

唐传奇：尊重女性，爱情至上

我在中国古代小说国际研讨会上做报告的论文是《女性意识在〈三国〉〈水浒〉中的空前失落》，论文第一部分说，如果要做古代女人，最好到唐代去，特别是到唐传奇里边去。因为唐传奇高扬着尊重女性、爱护女性的旗帜，女性可以追求真爱，英雄能为保护女性、爱情而牺牲，连大自然中的水都会为女性的爱情流动……

这样说是不是神乎其神？请大家好好读读唐传奇那些瑰丽无比的爱情故事，你会发现，我说的还远远不够。

唐传奇作为中国古代小说高峰之一，最引人注目的是鲜明、美好的女性意识。唐传奇中有两种风格鲜明的女性形象：一种是为忠心或孝心而存在的女性，一种是为真挚的爱情而存在的女性。

第一种女性在小说里出现总是为了效忠主人或报答亲人。最有代表性的是红线、聂隐娘和谢小娥。她们为了主人的安危或亲人的冤屈而拼搏，有仇必报，上刀山下火海，在所不辞。这种强烈的感情色彩构成她们最动人的魅力，她们的故事成为后世戏曲非常重要的素材来源。

第二种女性在唐传奇中占据着更重要的位置，而且更加动人。她们高扬着爱情的旗帜，以不同的身份演绎着缠绵悱恻的爱情故事，为了爱情而生存。她们的身份千差万别，也就是说在唐传奇里，任何一种身份的女性，都可能而且应该为爱情而生存，比如：

《长恨传》中的杨玉环是贵妃；

《莺莺传》中的崔莺莺、《无双传》中的刘无双都是千金小姐；

《柳氏传》中的柳氏、《非烟传》①中的步非烟、《崔护》中的绛娘都是小家碧玉；

《李娃传》中的李娃、《霍小玉传》中的霍小玉都是妓女。

还有一些女主角并不算是人类，她们也在追求爱情，比如《柳毅传》中的洞庭龙女、《裴航》中的仙女云英、《崔玄微》中的众花妖、《吴堪》中的白螺女、《任氏传》中的狐狸精任氏、《李章武传》中的女鬼王氏、《申屠澄》中的雌虎精，还有《离魂记》中的张倩娘的灵魂……

这些不同出身、不同身份、不同个性的女性一概把爱情视为自己的生命，用尽全力争取、维护自己的爱情。她们对爱情的追求感天地、泣鬼神。

---

① 《非烟传》：也有版本作《飞烟传》。——编者注

爱情的力量可以使柔弱的女性变得刚强。《霍小玉传》中，霍小玉是个身世凄惨、天性柔弱的歌伎，她想尽办法追求爱情幸福，但是无法改变自己低微的地位。出身高门的诗人李益曾经热烈追求她，与她卿卿我我，后来却为了与名门之女结亲将她抛弃。有位黄衫豪士出于义愤，把负心人李益强行带到霍小玉面前，柔弱的霍小玉面对负心人和已经幻灭的爱情，掷地有声地说道："我为女子，薄命如斯；君是丈夫，负心若此。……我死之后，必为厉鬼，使君妻妾，终日不安。"李益是进入文学史的诗人，他的负心故事以及对妻妾疑神疑鬼的表现都是正史记载过的，可见小说中的情节并非空穴来风。

爱情的力量可以使女性把父母之命抛到九霄云外。《离魂记》中，闺中少女张倩娘和表兄王宙相爱，她的父亲却把她许配给别人。王宙愤恨地离开，当晚在船上却见倩娘赤脚夜奔而来，两人一起离开，在蜀地生活了五年，生了两个儿子。直到王宙在倩娘的要求下一同返回家乡，才知道和自己生活在一起的居然是倩娘的灵魂。元杂剧《崔莺莺待月西厢记》（以下简称《西厢记》）的前身《莺莺传》中，崔母阻拦女儿莺莺和张生相爱，但是莺莺在丫鬟红娘的协助下，来到张生的书房和他幽会……

爱情的力量可以使女性坦然面对死亡。《任氏传》中，狐仙任氏对知道自己身份却依然不离不弃的郑六从一而终，最后在随郑六回乡的路上被猎犬杀死；《无双传》中，尚书小姐无双为了回到爱人仙客身边，冒着极大的风险吃下假死药，一点儿也不考虑万一醒不过来怎么办；《非烟传》中，武公业的侍妾步非烟和书生赵象幽会，武公业发现后将非烟鞭笞至死，非烟死前却坦然地说，"生得相亲，死亦何恨"；《长恨传》中，贵妃杨玉环即便已经去世，在天上也没忘记她所爱的皇帝玄宗；《李章武传》中，曾与李章武私会的王氏已去世多年，为了和李章武再次相会，从九泉之下回到阳间……

所以，在唐传奇里，爱情就是这些女性的生命。失去了爱情，就等于失去生命。女性为了爱情能牺牲生命，男性也是这样，局外人还能为有情人终成眷属四处奔忙，甚至献出自己的生命。《霍小玉传》中，黄衫豪士为了与自己毫不相干的霍小玉拍案而起，把负心人李益带到霍小玉面前；《无双传》中，为了一对恋人顺利团聚，为了保守这对恋人的秘密，好几个人都献出了自己的生命……

无怪乎宋人洪迈要说："唐人小说，不可不熟，小小情事，凄婉欲绝，洵有神遇而不自知者，与诗律可称一代之奇。"唐代小说可以和唐诗媲美，这是中国古代文论家提出来的。

无怪乎鲁迅先生要说:"小说亦如诗,至唐代而一变,虽尚不离于搜奇记逸,然叙述宛转,文辞华艳,与六朝之粗陈梗概者较,演进之迹甚明,而尤显者乃在是时则始有意为小说。""始有意为小说",特别是有意把女性的爱情写成让人百读不厌的小说,这是唐传奇最有魅力的所在。

洪迈说"凄婉欲绝",鲁迅说"文辞华艳",这些都是唐传奇的主要特点,这和唐传奇的作者大都出身于文人甚至官宦阶层有关,也和唐传奇里的女主角常被设定为出身于书香门第、文化水平较高有关。

毫无疑问,在唐传奇中,"女性"和"爱情"总是紧紧联系在一起的,是用浓墨重彩书写的。我们可以说,在唐传奇中:

男人为功名富贵而奔波,女人为爱情幸福而生活;

男人把爱情看成一种感情,女人把爱情看成一种艺术;

男人没了爱情会悲哀,女人没了爱情整个世界都不复存在。

唐传奇高扬着这样的旗帜:尊重女性,解放个性,解放人性。

所以我说,如果做女人,要到唐传奇里去做,千万不要到《水浒传》和《三国演义》里去。否则,那可就落入万劫不复的深渊了。

进入《三国演义》的女性,会掉进以权、忠、义为核心的男性陷阱，面临着男作家把女性男性化的操控；进入《水浒传》的女性，会被卷进"女人是祸水"的命题，面临着男作家对她们的丑化，不得不背负淫乱、庸俗、粗野的恶名。

《水浒传》《三国演义》当然是中国古代小说的经典之作，特别是英雄传奇、历史演义不可逾越的高峰，但是相对唐传奇而言，它们的女性意识却空前地倒退。那么，《水浒传》《三国演义》的女性意识失落在什么地方？我将会从几个方面进行剖析。

《水浒传》中的"坏女人"

对女性来说，唐传奇是最理想的生存之地，而从唐传奇进入《水浒传》，就像从鸟语花香的春天进入狂风扫落叶的秋天。在这部英雄传奇里，我们不难发现，作者施耐庵似乎对"坏女人"投入了极大的关注。

《水浒传》中所谓的"坏女人"和我们今天所谓的"坏女人"有本质的不同。这部小说中的"坏女人"往往是指那种不遵守封建礼法的女人。在古代封建社会中，男人可以三妻四妾、眠花卧柳，女人却必须从一而终，对二者道德的评判本身就存在双重标准。作者在评判女性的道德时，当然也是在这样的观念下进行的。

在作者施耐庵的眼中，什么样的女人是"坏女人"呢？我们可以看到，小说中有一类女性人物，作者为她们设置的情节和描述她们的口吻，都流露出一种难以掩饰的厌恶和否定：她们在故事中起到的作用，往往是与梁山泊的发展壮大相冲突的；她们对梁山好汉的态度，要么是污蔑他们的人格，要么是引诱他们堕落；她们的结局，几乎都是"恶有恶报"，要么受到惩罚，要么一命呜呼；叙述中穿插的诗词在提到她们时，往往存在相当明显的负面评价；就算偶尔描写她们的美貌，也让人感觉阴阳怪气，多少带有某种"水性杨花"的暗示……一看到这种笔调，我们就知道，这一定是作者眼中的"坏女人"。

《水浒传》中当然也有贞洁、贤惠、符合男性价值观的"好女人"，作者对她们表现出明显的同情、肯定或钦佩：

比如在青年女性里，林冲的妻子张贞娘算是一个"好女人"，她一直对丈夫忠心耿耿，但可惜她本来戏份就不多，结局也是被一笔带过了。

比如在老年女性里，雷横的母亲算是一个"好女人"，她到县衙前给被迫戴枷示众的雷横喂饭，和禁子们说理，对陷害雷横的歌女白秀英说"我骂你待怎的！你须不是郓城县知县"，寥寥数笔把正气凛然的老太太写得相当精彩。李逵的母亲也是"好女人"，她想念外出的儿子，以至于哭瞎了眼睛，相当令人同情，可惜她在小说中刚出现不久就被老虎吃了，好像她这个人就是为后面李逵打虎的情节而存在的。

可见，《水浒传》中对"好女人"的塑造还是相对比较简略的，让我们感觉似乎作者的兴趣并不在此；小说中着重描写的，多半还是作者鄙视的"坏女人"。

《水浒传》中的青年女性形象，塑造得最精彩的就是水性杨花、红杏出墙的"三大淫妇"——武松的嫂子潘金莲、杨雄的妻子潘巧云、宋江的外室阎婆惜，她们最后都是被英雄们毫不犹豫地杀掉了。

潘金莲本来是大户人家的丫鬟，因拒绝大户（富豪）调戏，于是被强迫嫁给了"三寸丁谷树皮"武大郎为妻。她先引诱小叔子武松未果，后又和西门庆通奸，还在王婆的唆使下毒杀了武大郎，最后被武松杀死。

潘巧云先嫁给王押司，王押司死后又嫁给杨雄。她和早先认识的和尚裴如海通奸，被杨雄的义弟石秀发现。她一度栽赃石秀，但石秀杀死裴如海，取得了杨雄的信任。最后石秀与杨雄设计将她和丫鬟迎儿骗到翠屏山一起杀死了。

阎婆惜因父亲去世没钱安葬，与母亲阎婆接受了宋江的施舍，而后阎婆便把她许给了宋江。后来她和同为押司的张文远（张三）私通，又发现了能证明宋江和梁山泊来往的招文袋，想要以此为把柄要挟宋江，结果被杀。

这"三大淫妇"都出身于社会底层，不能把握自己命运，都是被侮辱、被损害的人，而后又做了害人害己的事。

而《水浒传》中的老妇人，让人印象深刻的往往是那种恶俗、势利、阴险、狡诈的市井老妇，比如阎婆和王婆。

阎婆为报宋江的接济之恩，甘心让女儿给宋江做外室。她小心地周旋在已经嫌弃宋江的女儿和仍是自家生活来源的宋江之间，千方百计地想让他们和好。宋江杀死阎婆惜后，她先假意表示女儿该杀，只是担心没人给自己养老，然后以让宋江取钱给女儿发丧为由，骗宋江天明后和她一起出门，试图在县衙门前将宋江杀人一事公之于众。可以说她这个人既老谋深算，又可悲可怜。

王婆和西门庆聊天时，自称靠做"杂趁"[①]维持生计："老身为头是做媒，又会做牙婆，也会抱腰，也会收小的，也会说风情，也会做马泊六[②]。"意思是说自己既会说媒，又会接生，还会拉皮

[①] 杂趁：指非正经的职业。——编者注
[②] 马泊六：指撮合男女搞不正当关系的人。——编者注

条等。她就是这样一个八面玲珑、见钱眼开的人，后来还教唆西门庆、潘金莲毒死武大郎，可见没有什么道德底线。

类似的老妇人在《水浒传》中虽不能说俯拾皆是，但她们只要出现，个个都是心狠手辣。第六十九回史进为打东平府，将他昔日相好的妓女李瑞兰家当作侦察落脚点。李瑞兰和李公、虔婆①商量，虔婆执意要到官府告发史进。李公劝说："他把许多金银与我家，不与他担些干系，买我们做甚么？"虔婆说："我这行院人家，坑陷了千千万万的人，岂争他一个！你若不去首告，我亲自去衙前叫屈，和你也说在里面！"可见她自知坑害过的人不计其数，已经不在乎再多害一个人了。

十九世纪英国小说非常繁荣，英国小说里的老年女性，多半是漫画式的，是小说家讥讽的人物。小说家简·奥斯丁写过《傲慢与偏见》，人们把她所处的时代叫"奥斯丁时代"。大诗人拜伦、雪莱，还有勃朗特三姐妹都和她同时代。在"奥斯丁时代"，"老妇"这个词在英语中几乎成了贬义词。《水浒传》诞生于元末明初，比"奥斯丁时代"早几百年，而这部小说中对部分恶俗的

---

① 虔婆：一般指妓院的鸨母，有时也用作对老年妇女的蔑称，意为不正派的老婆子。——编者注

市井老妇的嘴脸描绘得多么生动。从这一点看，中国文学可以说是领先世界了。

《水浒传》中出现了好多专门形容恶俗的市井老妇的词，如"老咬虫"①、"乞贫婆"②、"虔婆"等。这些恶俗的市井老妇是中国古代文学画廊新出现的人物。她们为《水浒传》营造出鲜明的市井文学氛围，她们的出现是文学史上一个重要现象。

而进入最后"天罡星""地煞星"榜单的女性，除了貌美如花的扈三娘，另外两个几乎已经没有了女性的特点，而是模样像夜叉，凶神恶煞，把杀人、吃人肉当平常事。这两人就是"母夜叉"孙二娘和"母大虫"顾大嫂，都是"怪物"一样的女性角色。

先看孙二娘，在打虎英雄武松眼里，她是这副模样："眉横杀气，眼露凶光。辘轴般蠢坌腰肢，棒槌似桑皮手脚。厚铺着一层腻粉，遮掩顽皮；浓搽就两晕胭脂，直侵乱发。红裙内斑斓裹肚，黄发边皎洁金钗。钏镯牢笼魔女臂，红衫照映夜叉精。"孙二娘开店，专卖人肉包子，武松早就听说过"大树十字坡，客人谁敢那里过？肥的切做馒头馅③，瘦的却把去填河"这种说法。后来孙二

---

① 老咬虫：蔑称，意为鸨母、老妖婆等。咬虫，原指养汉的女人。——编者注
② 乞贫婆：蔑称，意为老年女乞丐。——编者注
③ 馒头馅：当时将包子称为馒头，此处指包子馅儿。——编者注

娘想出让武松假扮头陀[①]的主意，还如数家珍地讲述自己之前怎么杀了一个真头陀做成包子卖的事，实在可怕。

再看乐和眼中的顾大嫂是什么德行："眉粗眼大，胖面肥腰。插一头异样钗环，露两臂时兴钏镯。红裙六幅，浑如五月榴花；翠领数层，染就三春杨柳。有时怒起，提井栏便打老公头；忽地心焦，拿石碓敲翻庄客腿。生来不会拈针线，正是山中母大虫。"她在解救解珍、解宝的过程中发挥了聪明才智，但作者仍然未能在她身上展现出任何美感，因为她被赋予了传统女性不应有的残忍。她救解珍、解宝后，毫不留情地"掣出两把刀，直奔入房里。把应有妇人，一刀一个，尽都杀了"。一个女人滥杀同类，一点儿怜悯心都没有，实在可恶。

梁山女将中，只有"一丈青"扈三娘"天然美貌海棠花"，但后来却被宋江当作笼络人心的礼物送给"矮脚虎"王英为妻。真是"鲜花插在牛粪上"，可惜可叹了。

看着这些被塑造得活灵活现、占据水浒女性人物大部分舞台的"淫妇""虔婆""夜叉"等，我不由得怀疑施耐庵对女性怀有

[①] 头陀：梵文中意为"抖擞"，即去掉尘垢烦恼，后专指行脚乞食的僧人。
　　——编者注

某种恶意,以至于愿意花费这么多笔墨描绘这些让他深恶痛绝的"坏女人",而写到"好女人"时却往往寥寥数语、一笔带过了。

诚然,在今天看来,小说中的"坏女人"很多都不是真正意义上的"坏",背后可能有种种难言之隐或是身不由己;而"好女人"也多少显得懦弱、保守,深受封建旧道德的禁锢。这些都是作者的历史局限性造成的,而这也使这部作品更为真实地反映了当时的社会现实和那个时代较为普遍的社会心理。

好汉上梁山的引子

《水浒传》中的梁山好汉,可以说都是被"逼上梁山"的。小说里描写了不同地域、不同职业、不同性格的人物被迫投奔梁山,说明在当时的社会中,受到各种压迫的人比比皆是,也说明水浒起义军的社会广泛性。他们有的是受尽欺压的劳动人民,如猎户解珍、解宝和渔民"阮氏三雄",有自发的造反要求,因此投奔梁山;有的是正直的中层军官,如渭州提辖鲁达(鲁智深),本来生活优裕,由于同情民女金翠莲,打死了曾强骗她的镇关西郑屠,为躲避追捕出家后,又因搭救林冲流落江湖,完全是因为替别人打抱不平而不得不投奔梁山;有的是中下层官员,如禁军教头林冲、殿司制使杨志等,他们或者因为"怀璧其罪",有个美丽的妻子被恶人看上,或者因为秉性正直触犯恶势力,而被逼上梁山;有的是二流子、小混混,如小偷时迁,只是为了能够跟别人一起"大碗喝酒,大块吃肉"而上梁山;有的是家境富裕却蔑视权贵的富户,如东溪村保正晁盖,他与刘唐、吴用等人合谋智取生辰纲,打退追兵后上梁山;有的是大贵族、大地主,如后周皇族后裔柴进、富豪卢俊义和关羽后代关胜等,他们由于种种原因遭难,最终都选择加入梁山起义军……

"逼上梁山"是梁山好汉的共同经历,他们上梁山的原因各有不同。但值得注意的是,其中有些好汉落草,其原因却或多或少跟女人有关:

比如宋江,他在江湖上有"及时雨"的美名,人称"孝义黑三郎"。他原本是家财丰饶、安分守己的小吏,虽然出于朋友义气救了劫取生辰纲的晁盖等人,但是他仍然按照朝廷顺民的思维,认为晁盖干的是灭九族的勾当,他自己是绝不会干的。他因为仗义疏财,救助了没钱葬父的阎婆惜,把她收做外室。当刘唐代表晁盖给他送来一封感谢信和一百两黄金的时候,他只收下了一根金条,把剩下的黄金都退回了。阎婆惜发现了装有感谢信和金条的招文袋,认为这是宋江和梁山英雄交往的证据,想要以此当作把柄要宋江同意她改嫁张文远，还必须把晁盖信上提到的一百两黄金给她。宋江杀死阎婆惜后逃走，本想躲过风头再回来继续过正常生活。他逃到好友清风寨武知寨花荣那里，恰好知府刘高之妻被"矮脚虎"王英抢去。他好心救了刘高之妻，不料刘高之妻恩将仇报，对刘高说宋江就是抢走她的山寨强人，宋江只好再次逃亡，花荣也上了梁山。

比如武松，他本来是声名赫赫的打虎英雄，和兄长武大郎亲密无间，后来为报杀兄之仇，杀了嫂子潘金莲及其情夫西门庆，于是遭到流放。为了朋友，他大闹快活林，痛揍蒋门神。蒋门神的朋党张都监假称要重用武松，将他骗进府里，还假装把"心爱的养娘①"玉兰许配给他为妻。玉兰夜里谎称花园里有贼，武松忙进花园捉贼，却被张都监的手下擒住。张都监立刻翻脸称武松是贼。武松再次被发配，而后大闹飞云浦、血溅鸳鸯楼，杀了张都监全家外加玉兰，然后投奔梁山。武松两次倒大霉，都和女人有关，在十字坡还差点儿被孙二娘用蒙汗药迷倒做成人肉包子。

比如卢俊义，他是河北有钱有势的富豪"玉麒麟"，在吴用施妙计后，他已经上了梁山，仍惦记着家中爱妻贾氏。但贾氏却和

---

① 养娘：指婢女、丫鬟。——编者注

管家李固通奸，向官府出卖他，幸亏柴进出面打通关节使他从死罪改为流放，又遇燕青在流放路上相救，他才得以逃脱李固的追杀。在作者看来，卢俊义就是因为贾氏的陷害才倒了大霉。文中有这样几句诗："贾氏奸淫最不才，忍将夫主搆刑灾。若非柴进行金谍，俊义安能配出来。"这几句诗说得再明白不过，将整件事的责任都归结到女人身上。

比如杨雄，他本来是蓟州押狱兼行刑刽子手，因为妻子潘巧云有外遇，一怒之下杀了妻子，投奔梁山。

比如雷横，他本来是县步兵都头，只因应李小二之邀去勾栏听歌便祸从天降。李小二提前离席后，雷横因没带钱，受到跟知县有私情的歌女白秀英和其父白玉乔羞辱，气愤地打了白玉乔。知县为了讨好他的情人，竟然把雷横戴枷示众。白秀英又狗仗人势辱骂雷横母亲，雷横忍无可忍打死了白秀英，上了梁山，一直保护他的好友县马兵都头朱仝随后也上了梁山。一个歌女，只不过因为与知县有私情，竟然能把两个都头都变成"贼"。

比如林冲，他被逼上梁山跟妻子张贞娘有关。也许有人会说，张贞娘不是贞节烈女吗，怎么会将丈夫逼上梁山？张贞娘不幸被太尉高俅的义子高衙内看上，一度险遭猥亵，林冲及时相救，却也因此得罪了高俅。而后林冲遭到高俅及其亲信一系列的陷害，在被发配后还险些被差拨、陆虞候、富安三人放火烧死,他怒而杀死三人,而后投奔梁山。正是因为林冲护妻心切,他才最终被逼上梁山的。

还有很多事例,如"九纹龙"史进是被他相好的妓女李瑞兰告发,神医安道全也是被他相好的妓女李巧奴连累……可以说在《水浒传》里,凡是和女人沾边的英雄,几乎没有不倒霉的。作者似乎坚信"女人是祸水",不管是"好女人"还是"坏女人",都是"祸水"。所以《水浒传》里那些真正的英雄,从来不正眼看女人,不屑于怜香惜玉:

为兄长报仇的武松,像解剖动物一样剖开嫂子潘金莲的身体,取出五脏;

去乔太公家捉鬼的李逵,把乔太公女儿和情夫王小二的脑袋砍下来,还把两人的身子剁成肉酱……

所以我说,在《水浒传》里:

男人是英雄、好汉、天神,女人是"淫妇""虔婆""夜叉";

男人出外建功立业、养家糊口,女人在家养汉偷情;

不恋女人的男人才是豪杰,不像女人的女人才是"清白"的女人……

当然,好汉们上梁山的理由各不相同,和女性有关的只是其中一小部分；而这些多少因为女性上梁山的好汉，女性因素也只能算是他们上梁山的一个引子，或者"压倒骆驼的最后一根稻草"，并不是决定性因素。在历史和文学史上，梁山起义都具有深远的影响，梁山好汉也被后人广为传颂；如果只将他们加入起义军的原因简单归结为"杀死坏女人后为躲罪投奔梁山"之类，那梁山也不会是真正的梁山，好汉也不算是真正的好汉了。

"三大淫妇"也有隐情

看过《水浒传》的读者，可能大多会对书中的"三大淫妇"留下深刻的印象。她们分别是：武松的嫂子潘金莲、杨雄的妻子潘巧云、宋江的外室阎婆惜。

这"三大淫妇"在小说里，最终的结局都是被杀：

武松得知潘金莲的罪行后，将她捉到武大郎灵前，审问清楚她如何与西门庆通奸、如何毒杀武大郎后，当众剥去她的上衣，开膛挖出她的五脏供在灵前，然后又砍下她的头，拎去酒楼掷到西门庆头上，最后将西门庆也杀掉了。

杨雄得知潘巧云通奸的真相并与石秀和解后，与石秀一起将潘巧云和丫鬟迎儿骗到翠屏山，审问清楚她的奸情，然后杀掉迎儿，再将潘巧云的舌头割掉，剖出五脏挂到树上，最后肢解。

阎婆惜意外拿到宋江的招文袋后不肯归还，和宋江抢夺的过程中喊了一声"黑三郎杀人也"，宋江一怒之下挥刀将其杀死，而且怕她没死，还将她的头砍了下来。

《水浒传》的研究者对"三大淫妇"被杀的结局，通常的评价都是"罪有应得，大快人心"之类。我却要问一句，这"三大淫妇"被杀到底冤不冤？我认为作者对这"三大淫妇"的描写其实相当偏颇，是作者男权思想的重要表现。

我们先看背负了千古骂名的潘金莲，她有没有追求爱情幸福的权利。

潘金莲这个人物形象自从诞生以来就一直广受关注，在现代社会中，试图对她重新评价、为她翻案的人更是比比皆是。曾有人创作过一部戏剧，让安娜·卡列尼娜、贾宝玉等人和潘金莲交流，对她进行评价和辩护。有人写文章说，历史上的潘金莲其实是贤妻良母，只是因为有个小人想接近她没能得手，就给她造谣，而后又被《水浒传》的作者采用了。还有说法称潘金莲并未背叛武大郎，因为武大郎的原型并不像小说中那样身材矮小，而是身高七尺、仪表堂堂……"武大郎原型"一说并未得到学界证实，而且已经超出了文学研究的范围。

不过我可以肯定，即便施耐庵知道有某个"'好女人'潘金莲"的存在，他仍然会创造出一个"'坏女人'李金莲"或"'坏女人'王金莲"之类，这是由他本人所持的"女人是祸水"这一观念所决定的，是不可扭转和不能动摇的。

其实潘金莲也曾努力维护自己的贞洁，最初那个大户试图骚扰她时，就碰了钉子。大户为报复她，便把她嫁给其貌不扬的武大郎。潘金莲刚从大户的欺压中解脱出来，就掉进"嫁鸡随鸡，嫁狗随狗"的尴尬中。在不相配的苦闷婚姻中，她爱上武松几乎是必然的。但武松是"顶天立地龇齿带发男子汉"，不是"败坏风俗没人伦的猪狗"，潘金莲在失望和羞愧之际，便掉进了王婆和西门庆精心设计的陷阱……

抛开潘金莲最后谋杀亲夫的恶行，单从感情角度看，她有没有寻找爱情幸福的权利？她就应该老老实实给好色的大户做通房丫头吗？她就应该屈从于乱点鸳鸯谱的婚姻，对"三寸丁谷树皮"的丈夫从一而终吗？她不该有追求婚姻幸福和爱情的权利吗？

如果说，武松被逼上梁山和他的嫂子潘金莲有关系，那么这个嫂子不也是被男权社会逼上绝路的吗？

我们再看阎婆惜"红杏出墙"的整件事中，"正人君子"宋江到底有没有责任。

阎婆惜本来出于报恩给宋江做外室，却和宋江同僚张文远通奸，似乎是以怨报德了。但是阎婆惜是怎么和张文远好上的？我们看看小说里的描写："初时宋江夜夜与婆惜一处歇卧，向后渐渐来得慢了。却是为何？原来宋江是个好汉，只爱学使枪棒，于女色上不十分要紧。这阎婆惜水也似后生，况兼十八九岁，正在妙龄之际，因此宋江不中那婆娘意。"

这段描写再精彩不过，说宋江"于女色上不十分要紧"，那么他刚刚得到阎婆惜时，却与她夜夜同眠，大概只是图个新鲜。此后他不怎么来了，"学使枪棒"去了。在他的眼里，花朵一般的少女恐怕此时已变成了残花败柳，他觉得没意思了。一个十八九岁的少女，为了报葬父之恩，把如花的青春献给宋江，宋江却像《红楼梦》里紫鹃劝黛玉时说的那些"公子王孙"那样，"要一个天仙来，也不过三夜五夕，也丢在脖子后头了"。阎婆惜后来"红杏出墙"，除了她自己的水性杨花，难道和宋江的喜新厌旧毫无关系吗？后来李逵说宋江"你原正是酒色之徒，杀了阎婆惜便是小样，去东京养李师师便是大样"，倒也是一针见血。

阎婆惜本来就看不上"面黑身矮"的宋江，只是奉母命和他在一起，何况宋江也不怎么珍爱她，所以她爱上"一身风流俊俏"的张文远，也就可以理解了。阎婆惜对张文远一片痴情，从此再不肯敷衍宋江。她想:"我只心在张三身上,兀谁奈烦相伴这厮!"宋江也不以阎婆惜为念,他想:"又不是我父母匹配的妻室,他若无心恋我,我没来由惹气做甚么。我只不上门便了。"

很显然,两个人的感情破裂了,但是阎婆知道,女儿和张文远的风花雪月当不得日常的柴米油盐,宋江才是她们的衣食保证。所以她软磨硬泡地把宋江拉回家,骗阎婆惜"你心爱的三郎在这里",阎婆惜发现来的是"宋三郎"不是"张三郎",扭头就回,不理睬宋江。当宋江和阎婆惜躺到一张床上时,这对男女立刻开始"同床异梦"了。

宋江想:"我只得权睡一睡,且看这婆娘怎地,今夜与我情分如何。"阎婆惜想的却是:"我只思量张三,吃他搅了,却似眼中钉一般。""正人君子"宋江对阎婆惜已无感情,却还想试试能否和阎婆惜亲热,尽管他早已听说对方心猿意马,也觉得无所谓;"酒色娼妓"阎婆惜不肯和宋江逢场作戏,她觉得自己心里只有张文远,其他任何人都不想敷衍。这对同床异梦的男女,谁重视情,谁只要欲,这里再明白不过了。所以早上起床后宋江恼羞成怒,骂道:"你这贼贱人好生无礼!"阎婆惜反唇相讥:"你不羞这脸!"

然后阎婆惜用宋江落下的招文袋要挟宋江,落得被杀的结局。

《水浒传》研究者说到这段时,经常说她被杀是罪有应得的。阎婆惜自然是按照当时社会上的普遍观念,认为上梁山的人都是盗贼,她不可能站在今天的立场上将水浒好汉视为起义的英雄。其实,宋江不久前听说晁盖投奔梁山时,他自己也认为晁盖"如此之罪,是灭九族的勾当"。如此看来,这样一个弱女子试图抓住这个把柄改变自己的命运,在当时的社会背景下也算是合情合理,不能武断地说她"大逆不道"。如果说宋江被逼上梁山,阎婆惜是罪魁祸首,那么阎婆惜当初不得不卖身葬父,后来因追求爱情被杀,不也是被自认为占有她理所当然,觉得她碍事时就拔刀杀人的宋江逼上死路的吗?

我们最后再看潘巧云,她究竟应不应该被杀。

潘巧云和裴如海很早以前就认识,在她嫁给杨雄后,与裴如海发展成了情人关系。和潘金莲、阎婆惜不同的是,她并没有谋杀亲夫的想法,甚至也没想要离婚,但最后也被杨雄和杨雄的"义弟"石秀二人残忍杀害了。对杨雄来说,杀死她是为了出一口"戴绿帽子"的恶气;对石秀来说,杀死她是为了洗清自己的罪名。潘巧云该不该杀?如果说潘金莲谋杀亲夫死有余辜,阎婆惜阻碍丈夫的前途,那么,这个既不曾谋杀亲夫又不曾阻碍丈夫前途的潘巧云,为什么也要被开膛破肚,甚至连她的丫鬟也受到了牵连?

即便按照当时的法律制度，潘巧云也不过是触犯了"七出"①规定，被丈夫休弃回家就是了，并没有犯下死罪，丈夫和丈夫的"义弟"又有什么权力剥夺她的生命呢？

这正是《水浒传》整部小说重要的道德尺度——"万恶淫为首"，妇人犯了"淫"罪就必死无疑。其实这三个女性原本都不是自愿嫁给丈夫的，有的甚至是被当作"礼物"强行送给了某个陌生男人，而她们却都不得不遵从命运的安排，任对方摆布，从始至终都没有人会考虑她们自己的意愿和她们内心的真实感受。她们一旦有了"外心"，等待她们的只有死路一条，外加不得不背负的千古骂名。而有些梁山好汉，似乎也和那个时代的其他男性一样，并未把女性当作和自己一样的"人"来看待，这也依然是他们所接受的那个时代的思想观念和封建制度的影响使然了。

"权"是三国女人的生命

当女性进入《三国演义》时，她们和进入《水浒传》时遇到

---

① 七出：又称"七去""七弃"，指封建礼法规定的男子休妻的七个理由，包括：不顺父母、无子、淫、妒、恶疾、口多言、窃盗。——编者注

的情况类似，都面临着男性作家的霸凌之笔。

我们现在看到《三国演义》通行本都写的是"作者罗贯中"，其实这是一种误导，严谨的写法应该是"罗贯中原创，毛纶、毛宗岗修订"。罗贯中原创的小说作品实际上是《三国志通俗演义》，最早是在明代嘉靖元年（公元1522年）刊行，题"晋平阳侯陈寿史传，后学罗本贯中编次"。所谓"编次"就是罗贯中按照陈寿的《三国志》重新编撰，其实是罗贯中用小说家的笔墨重新铺写三国历史。清代毛纶、毛宗岗父子修订《三国志通俗演义》时，做了很多改动，比如小说开头"滚滚长江东逝水，浪花淘尽英雄"这首开篇词，就不是罗贯中写的，而是借用了明代诗人杨慎的一首《临江仙》。毛氏父子还把《三国志通俗演义》改名为《三国演义》。毛本《三国演义》文字更精练，比如诸葛亮二气周瑜，刘备携孙夫人逃走，罗贯中写诸葛亮令军士大叫："周郎妙计高策，陪①了夫人，又折许多人马！"毛本则改成："周郎妙计安天下，陪了夫人又折兵！"不仅文字更精练，还为后世留下成语"赔了夫人又折兵"。毛本《三国演义》成为后世几百年最流行的版本，我在这里也采用大家熟悉的毛本《三国演义》展开讨论。

---

① 陪：此处通"赔"。——编者注

《三国演义》讲述东汉末年和三国时期的历史事件，从东汉灵帝中平元年（公元184年）黄巾起义开始，写到晋武帝太康元年（公元280年）吴国灭亡为止。这九十几年在中国历史上是个英雄辈出的时代，各种政治集团的斗争一直没有停息过。在复杂尖锐的斗争中涌现出大批风云人物，如诸葛亮、曹操、刘备、孙权等，他们具有卓越的政治抱负和军事才能，群雄逐鹿，为后世留下很多精彩纷呈、耐人寻味又影响深远的历史事件，这些人物和事件都通过《三国演义》被世人广泛传诵着。

　　但是，当我们迷恋着《三国演义》，为桃园结义、赤壁之战、三足鼎立感慨不已，为曹操"宁教我负天下人，休教天下人负我"，为诸葛亮"鞠躬尽瘁，死而后已"，为刘备"三顾茅庐"等英雄、奸雄、枭雄的事陷入沉思时，会发现一个问题，就是在这部伟大的名著中，女性意识似乎和《水浒传》一样，相比于唐传奇不是前进而是倒退了。《三国演义》中的女性描写常带有男性化倾向，不再以"爱"为核心，而是以"权、忠、义"为核心，女性描写几乎被男性化、政治化、权力化了。

　　弗吉尼亚·伍尔夫的代表作《一间自己的房间》中，有一句被无数研究者反复引用的话："不必急于求成，不必锋芒毕露，不必效仿他人，做自己就好。"我特别欣赏这几句话，她在那个时代就提出了"女人要做自己"这个理念。那么，在中国古代最负盛名的历史演义小说《三国演义》里，女人能做自己吗？基本上是不可能的。

我们看到，在《三国演义》里，爱情不是女人的生命，权力才是女人的生命，一旦"丧权"就会"丧命"。权力对女性而言，就像生命一样宝贵。在"袁绍孙坚夺玉玺"的故事里，孙坚的部下看到洛阳皇宫建章殿南边有一口井持续发出"五色毫光"，他们从水井中捞出一具女尸，"虽然日久，其尸不烂"，然后发现这具宫女打扮的女尸身上的锦囊里装着传国玉玺，上面刻有"受命于天，既寿永昌"的字样。这段情节似乎想要说明，传国玉玺对女尸起到了某种防腐作用。我认为这是一种象征的写法，是借此说明权力有多么重要。

《三国演义》中那些社会地位较高的女性，不是为政权献身，就是在权力之争中丧命：

在"何进谋杀十常侍"的故事里，何太后见董太后专政，设宴相劝："我等皆妇人也，参预朝政，非其所宜。"董太后不以为然，且反唇相讥。何太后连夜召兄弟何进入宫商议，何进设计将董太后逐出宫中，安置在河间，之后又在河间将董太后毒杀了。

在"废汉君董卓弄权"的故事里，董卓专政，他先废掉汉少帝刘辩改立汉献帝刘协，后又将刘辩杀死。他在毒杀刘辩的同时，还将何太后推下楼摔死，将刘辩之妻唐妃绞死。何太后只能在临死时大骂何进当初引董卓入京而招致灾祸。

在"曹操勒死董贵妃"的故事里，汉献帝和董承谋划除掉曹操，被发现后，曹操先杀了董承，又将董承妹妹董贵妃勒死，此时她已怀孕五个月。后来，伏皇后为帮助汉献帝除掉曹操，和父亲伏完密谋，不幸被曹操发现。曹操派兵入宫，先收回皇后玉玺，再把伏皇后乱棒打死，又用毒酒毒杀了伏皇后的两个儿子。然后曹操命令汉献帝把曹贵人（曹操的女儿）立为皇后。

曹操的儿子曹丕当年征袁绍，得到袁绍的儿子袁熙之妻甄氏，十分宠爱。曹丕逼迫汉献帝退位，自立为帝（即魏文帝）后，又宠幸郭贵妃。郭贵妃派人诬陷甄氏施行巫术，曹丕怒而将甄氏赐死，立郭贵妃为皇后。

在"魏折长安承露盘"的故事里，甄氏的儿子曹叡[1]即位为魏明帝，他重蹈曹丕覆辙，先宠毛皇后，后宠郭夫人。毛皇后失宠后，有次听说魏明帝前日带郭夫人游园，说了一句"陛下昨游北园，其乐不浅也"，就被魏明帝下令赐死。

---

[1] 曹叡：一作曹睿。——编者注

在"蜀后主舆榇出降"的故事里，刘备的儿子刘禅，也就是"扶不起的阿斗"决定投降，他的儿子刘谌不肯屈膝于逆贼，准备"先死以见先帝于地下"，其妻崔夫人立即说："贤哉！贤哉！得其死矣！妾请先死，王死未迟。"还表示："王死父，妾死夫；其义同也。夫亡妻死，何必问焉！"说完就一头撞死了。这是一位在权力斗争中，用生命表达自身立场的女性。

《三国演义》中的女性除了因为权力斗争而丧命，还有因为妒忌、争宠而遭难的。这种在文学作品中常见的情节，因为有权力因素的加入，显得格外触目惊心：

在"袁谭袁尚争冀州"的故事里，袁绍死后，他的夫人刘氏把袁绍生前所喜欢的五个宠姬全部杀了，又怕这些宠姬在阴间和袁绍相见，竟然将她们的尸体进一步破坏，"髡其发，刺其面，毁其尸"，搞得不成人形。这些宠姬生前得到袁绍的宠爱，享受荣华富贵，袁绍一死，便遭遇如此悲惨的结局。

可见，三国时期这些倾国倾城的后妃姬妾，性命真如草芥一般。

"慈母"不"慈"

1993年我参加中国古代小说国际研讨会准备的论文是《女性

意识在〈三国〉〈水浒〉中的空前失落》,讲到《三国演义》,我在提出三国女性为"权"而生存后,提出的第二个观点是:在《三国演义》中,"慈母"不"慈"。

"慈母之爱"是中国文学中一个永恒的主题,传统的"慈母"总是千方百计教育子女成为一个好学的人、正派的人、"大写的人"。像孟子的母亲,为了不让儿子受到不良的生活环境的影响,不辞辛劳三次搬家。"慈母"总是无微不至地关心儿女,唐代诗人孟郊写下的《游子吟》,"慈母手中线,游子身上衣"可谓脍炙人口。进入《三国演义》,"慈母"手中的线没了,变成另外的东西——权力,还有和"权"相辅相成的"忠"和"义"。《三国演义》里的一个个母亲,经常是深明大义,为"权、忠、义"献身的母亲:

在"刘玄德北海解围"的故事里,太史慈的母亲平时受到孔融的照顾,在孔融遇到危难时,太史慈遵照母亲之命,前来给孔融解围。

有个著名的歇后语是"徐庶进曹营——一言不发",来源于"徐庶抗曹"的故事。刘备在请诸葛亮出山之前,军师徐庶帮助刘备在跟曹操斗法中取得一个又一个胜利。曹操知道刘备能一再取胜的原因就是徐庶的辅佐,而徐庶是大孝子,于是曹操想用徐庶的母亲诱降徐庶。曹操把徐母接到徐州亲自出面劝说,结果徐母把他臭骂一顿,还用砚台打他,想故意惹恼他杀了自己,以断绝儿子的后顾之忧。但曹操的谋士程昱劝曹操留下徐母更有好处,他假称是徐庶朋友,给徐母送去生活用品,同时附上问候信,徐母出于礼节回信表示感谢。程昱骗到徐母的亲笔信,模仿徐母笔迹写信召徐庶来曹营。徐庶见到信后信以为真,只得归顺曹操。徐母见儿子前来,斥责他凭一纸伪书便弃明投暗,而后自缢于梁间。徐庶虽然归顺曹操,却终身未给曹操提供一条计谋,因此后人将这件事总结为"徐庶进曹营——一言不发"。作者还托后人之名写了一篇《徐母赞》,文中感叹"贤哉徐母",称其"气若丘山,义出肺腑"。

在"杨阜借兵破马超"的故事里,马超借羌兵破陇西诸州,冀州守将韦康不听参军杨阜劝告,投降马超后被杀。杨阜姑母鼓励杨阜为韦康报仇,说:"谁不有死,死于忠义,死得其所也。"而且说,如果侄儿不给韦康报仇,"吾当先死,以绝汝念"。统兵校尉赵昂也准备参与此事,但他的儿子赵月在马超身边做副将,赵昂担心儿子安危,对是否为韦康报仇犹豫不决,他的妻子厉声对他说:"雪君父之大耻,虽丧身亦不惜,何况一子乎!君若顾子而不行,吾当先死矣!"这些女性都鼓励亲人为报君父之仇,牺牲自己和儿子的生命。

在"司马昭弑曹髦"的故事里,曹操后人曹髦的帝位受到司马昭威胁,他以匹夫之勇带三百人和司马昭拼命,结果被杀。曹髦决定去讨伐司马昭时,他的臣子王经拒绝向司马昭告密,在曹髦被杀后,王经被司马昭捉住,全家都被处死。王经看到母亲也被绑到刑场时,大哭着对母亲说:"不孝子累及慈母矣!"他的母亲却大笑说:"人谁不死?正恐不得死所耳!以此弃命,何恨之有!"而后全家被押赴刑场,母子两人含笑受刑……

孙策的生母吴夫人是《三国演义》中着墨较多的夫人之一,她是儿子权力的忠实保护神。孙策杀掉于吉后,受到于吉魂魄的纠缠。吴夫人设醮给孙策祈祷,但孙策依然饱受困扰。孙策病危时,告诉母亲自己已将权力交给弟弟孙权,希望母亲好好教育他,"今将印绶付弟,望母朝夕训之",还建议母亲"倘内事不决,可问张昭;外事不决,可问周瑜"。孙策死后,吴夫人亲自出面拜托周瑜,周瑜感激涕零,发誓拼尽全力辅佐孙权。后来吴夫人病危,将周瑜、张昭召到病榻前托孤,神乎其神地说了一番她"梦月入怀"生孙策、"梦日入怀"生孙权的故事,为自己的儿子有皇帝之命大造舆论。她在生命走到尽头时,对国事交代得面面俱到,对家事只有两句嘱托:"吾死之后,事吾妹如事我。汝妹亦当恩养,择佳婿以嫁之。"

不管是徐庶母还是孙权母,甚至着墨不多的王经母都被塑造得相当生动,她们都是《三国演义》中塑造得很特别的母亲的形象。在她们身上,传统的"慈爱"退居二线,对权力的重视则占据主导位置。

吴夫人的妹妹和她共嫁一夫,但妹妹吴国太在权力之争中的表现和姐姐完全不同。赤壁之战后,刘备在诸葛亮的妙计指引下,借了荆州不还,周瑜用孙权的妹妹设美人计,想把刘备骗到东吴杀掉。吴国太不能容忍他们拿女儿的终身大事做政治斗争的工具,不允许用独生女的终身幸福冒险,她拿出母亲的威严保护女儿的利益。见到刘备之前,她认为用女儿做诱饵会误女儿终身,如果杀了刘备,女儿就成了望门寡,影响日后改嫁。但一见刘备,她立刻被折服,马上欢天喜地认了女婿,把刘备看作和儿子同等的家人,于是弄假成真,造成后来"周郎妙计安天下,赔了夫人又折兵"的局面。吴国太只在意女儿的终身大事,不在意儿子权力的稳固,具有强烈的母性,她可以说是《三国演义》中少有的"慈母"。我认为京剧经典剧目《龙凤呈祥》之所以脍炙人口、经久不衰,和这位母亲有很大关系。

与吴国太类似,还有制止曹丕杀害曹植的曹操之妻卞氏,也是很有母性的人物。但作者对她的描写比起甘露寺相亲的吴夫人，就显得微不足道了。

妻子如衣服

在三国英雄眼中，妻子占据什么地位？以刘备为代表的一些男性角色，把妻子看成可以随意丢弃的衣服，这种观念最让人不能容忍。

吕布攻陷徐州，刘备的妻子陷在城中。负责护卫的张飞羞愧得要自杀。刘备阻止道："古人云：'兄弟如手足，妻子如衣服。衣服破，尚可缝；手足断，安可续？'"刘备这番话的意思很明显：兄弟之间的关系像手和脚，妻子对丈夫来说不过是件衣服，衣服破了可以改造、更换，如果手脚断了就再也接不上了。

刘备这番话，说得何等"正大光明""大义凛然"。张飞、关羽跟他并不是亲兄弟，但是在他看来，结义兄弟和亲兄弟一样都是手足，远比妻子重要。刘备这番话自然让张飞深受感动，于是数十年如一日地为他逢山开路、冲锋陷阵，将个人生死置之度外了。

"正人君子"刘备将妻子视为衣服的观点贯穿他的一生，也左右着小说里那些"正面人物"的行为，包括甘心做"衣服"的夫人。

刘备原来有两位夫人——甘夫人和糜夫人。甘夫人给他生下唯一的儿子刘禅，也就是广为人知的"扶不起的阿斗"。甘夫人和糜夫人在战乱中一再被刘备丢弃，但她们从无怨言。刘备兵败被曹操追杀，赵云大战长坂坡，发现了抱着阿斗的糜夫人。糜夫人腿部受伤不能行走，赵云想请糜夫人抱着阿斗上马，他步行保护两人杀出重围，但糜夫人认为，战将不能不骑战马，如果步行保护两人会很困难，如果只把阿斗带在身上，更有可能杀出重围。在生死关头，糜夫人宁可牺牲自己，也要求赵云救出刘备唯一的儿子。她对赵云说："望将军可怜他父亲飘荡半世，只有这点骨血。将军可护持此子，教他得见父面，妾死无恨！"然后，糜夫人将阿斗交给赵云，不顾赵云劝阻，自己跳井自杀了。糜夫人这样做，既是为了给赵云免除后顾之忧，也是为了不被曹操俘虏，丢刘备的脸面。赵云推倒土墙掩埋了糜夫人的遗体，把阿斗掩在护心镜里，杀出重围。刘备见到阿斗安然无恙地被送回来时，假惺惺地将阿斗摔在地上说："为汝这孺子，几损我一员大将！"这是他故意收买人心的表现，也留下了一个歇后语："刘备摔孩子——收买人心。"这个时刻不忘收买战将之心的家伙，竟然对糜夫人的死毫不在意，可见有多么薄情寡义了。

更不可思议的是，在"吕布败走下邳城"的情节里，刘备逃难到一个小村，百姓听说他缺粮，给他送来很多食物。猎户刘安听说刘备到了，想招待刘备吃饭，一时没有找到野味，居然"杀妻以食之"。仅仅因为没有肉招待刘备，刘安就杀了自己的妻子做成肉给刘备吃，这样一个在今天看来丧心病狂的人，竟然是被作者当作正面人物描写的。

三国英雄和妻妾之间有没有进行过带有感情的谈话？在小说中可以说是寥寥无几。曹操临终时"铜雀分香"，给侍妾们安排未来生活，大概可以算作一例，除此之外似乎仅有孙策临终时对妻子大乔说的"吾与汝不幸中途相分"了。孙策临终时只说了这样一句与大乔依依惜别的话，接下来就开始嘱咐她要利用她的社会关系帮助弟弟孙权坐稳政权了："早晚汝妹入见，可嘱其转致周郎说知，尽心辅佐吾弟，休负我平日相知之雅。"孙策和周瑜分别娶了江东美女大乔、小乔，孙策临终时总算还跟妻子交代了一番后事；而周瑜临终时则只会长叹"既生瑜，何生亮"，对小乔的未来如何安排，似乎完全没有考虑。

不甘心被当作"衣服"，坚持妻子应有权利的女性，在《三国演义》中也是存在的，但往往被视为"拖后腿"的角色。吕布之妻严氏就是个所谓的"拖后腿"角色。吕布不听陈宫劝告兵败后，陈宫劝他出城抗击敌人，这是个好的决策。但严氏认为陈宫不可靠，反对吕布弃城而走，说："君委全城，捐妻子，孤军远出，倘一旦有变，妾岂得为将军之妻乎？"陈宫对吕布陈说利害后，吕布决定突围。严氏又哭着说："妾昔在长安，已为将军所弃……孰知今又弃妾而去乎？将军前程万里，请勿以妾为念！"这段情节的设置，很容易使人觉得"常胜将军"吕布兵败曹军及最终在白门楼殒命，都是严氏的干涉导致的。这段情节似乎是小说有意提供的反面案例：凡是正人君子，都得为了事业随时把妻子当作破衣服扔掉；凡是知书达礼的妇人，都要无条件地充当可以被丈夫随意抛弃的旧衣，在任何危急时刻、危难环境中，都不能考虑自己的安危，而必须以丈夫为重。

《三国演义》中刘备把妻子当作衣服的观点，不仅不人道，而且和传统封建伦理也背道而驰。封建社会最重要的伦理道德是儒家思想中的"三纲五常"，"三纲"是"君为臣纲，父为子纲，夫为妻纲"，"五常"是"仁、义、礼、智、信"。"纲"有"掌管"的意思，也有"表率"的意思，既然"夫为妻纲"，丈夫就要给妻子做出表率，树立道德标杆，丈夫怎么能在危急关头只顾自己，把妻子当成一件衣服随便丢弃呢？刘备的崇拜者刘安，杀掉妻子给刘备当肉吃，这样的禽兽行为，又符合"仁、义、礼、智、信"

的哪一项呢？

在《三国演义》出现前，中国文学作品中记载过多少感人的夫妻和睦的故事？京兆尹张敞每天早上给妻子画眉，梁鸿、孟光夫妇相敬如宾、举案齐眉，都是发生在汉代的真实事件。《孔雀东南飞》讲述的是和《三国演义》同一个时间段的事件。汉末建安年间焦仲卿的母亲狠心休掉他的妻子刘兰芝。刘兰芝的父母、兄弟逼她再嫁，她投水自杀。焦仲卿听说后，自缢于庭树，追随爱妻而去，实现了当初"结发同枕席，黄泉共为友"的誓言。两人合葬后，"东西植松柏，左右种梧桐。枝枝相覆盖，叶叶相交通。中有双飞鸟，自名为鸳鸯。仰头相向鸣，夜夜达五更"。东晋小说《搜神记》中讲述的韩凭夫妇，几乎是《孔雀东南飞》中焦仲卿夫妇的变形。韩凭的妻子何氏被宋康王抢走，夫妇二人忠于爱情，双双赴死。宋康王故意把二人尸首埋在道路两边，结果二人墓中一夜间长出两棵树，"根交于下，枝错于上"，树上还有一对鸳鸯"晨夕不去，交颈悲鸣"……

《三国演义》的作者应该对"张敞画眉"、梁鸿夫妇"举案齐眉"、《孔雀东南飞》和韩凭夫妇这些悱恻动人的夫妻故事早有耳闻，他在作品中怎么还会写出"妻子如衣服"这样的荒谬理论？实在令人费解。

英雄必过美人关

《三国演义》中有个特殊的现象,叫作"英雄必过美人关"。我们经常说"英雄难过美人关",但是在《三国演义》中,真正的英雄必定能过"美人关"。

什么是英雄?《三国演义》对英雄的重要评判标准是"不近女色",在美女的诱惑下坐怀不乱、心如古井。那些过不了"美人关"的,都是"匹夫""奸雄"或者"枭雄"。比如吕布式的"匹夫",曹操式的"奸雄",刘备式的"枭雄"。

董卓和吕布这对假父子都是"匹夫",所以中了王允用貂蝉设下的"连环美人计"。

曹操是"奸雄",也是一个相当好色的男人。赤壁之战时,他对"江东二乔"——孙策的妻子大乔、周瑜的妻子小乔想入非非,结果使八十三万人马灰飞烟灭。他征伐汉末群雄之一张绣时,和张绣的婶婶邹氏私通,结果遭到张绣报复,损失惨重。曹操和男人打交道时都用权术,和女人打交道时也喜欢用权术,这是他的一个重要特点。他发现邹氏貌美后,为了引诱邹氏,他谎称自己是为邹氏之故才接受张绣投降的,其实他接受张绣投降在前,诱奸邹氏在后。曹操有几次在原本可以取胜的情况下大败,都和他贪图美色有关。

在作者笔下，刘备阵营中过不了"美人关"的是刘备，所以他是"枭雄"，而不是英雄。刘备阵营中另外几位名将关羽、张飞、赵云，他们都是地地道道的英雄，都是对美人目不斜视的英雄。

《三国演义》浓墨重彩地描写关羽过五关斩六将的英武之姿，而关于他如何对待刘备的两位夫人——甘夫人、糜夫人的情节，作者似乎也相当津津乐道。当关羽和两位嫂嫂相处时，他的正气凛然感人至深。曹操试图挑拨关羽和两位嫂嫂的关系，故意安排他们住同一个房间，关羽手持蜡烛整夜站在房间外，一夜未回屋；曹操送给关羽绫锦、金银器皿等，关羽都送给了嫂嫂；曹操又送给关羽十名美女，关羽都送进内室服侍嫂嫂；后来关羽得到了刘备的消息，挂印封金，千里走单骑，护送两位嫂嫂回到刘备身边。关羽这一系列忠义的举动，让曹操看后都叹服不已。

《三国演义》写关羽一度投降曹操是为了保护刘备两位夫人，离开曹操是因为知道了刘备的下落。而根据历史记载，关羽离开曹操，很可能是因为和曹操争夺美女而产生了矛盾。裴松之注《三国志》卷三十六引用《蜀记》记载称，曹操和刘备在下邳包围吕布时，关羽向曹操请求，攻破城池之后，能允许自己娶秦宜禄之妻，曹操答应了。下邳城马上要被攻破时，关羽又向曹操请求了几次。对美色极其敏感的曹操于是怀疑,关羽这么迫不及待地想娶秦宜禄之妻,是不是因为这个女子特别漂亮?他决定自己先探查一番。下邳城攻破后,曹操先派人把秦宜禄之妻接来,一看果然天姿国色,于是就留下了,关羽因此跟曹操产生了过节。《蜀记》讲到曹操留下秦宜禄之妻时,形容关羽反应的原话是"羽心不自安"。《蜀记》是严谨的国别史,它的记载是比较可靠的。东晋还有部史书《华阳国志》写得更具体,第六卷《刘先主志》中记载:"羽启公:妻无子,下城,乞纳宜禄妻。"关羽巧妙地把自己妻子没生出儿子作为娶秦宜禄妻的理由,大概是怕好色的曹操怀疑秦宜禄妻是绝色美人。但是当时秦宜禄还活着,关羽为什么可以提出娶他的妻子?裴松之注《三国志》引《献帝传》说明,关羽梦想得到的女人是秦宜禄的前妻杜氏。而秦宜禄已经娶了袁术许配给他的一名汉宗室女,所以杜氏已经被秦宜禄抛弃了。杜氏被曹操留下后,很受曹操宠爱,连她之前和秦宜禄生的儿子,都被曹操当成亲生儿子对待,她之后还给曹操生下两个儿子。后来著名的"竹林七贤"之一嵇康的夫人长乐亭主,就是曹操和杜氏的曾孙女。

但是如果《三国演义》采用了这样的情节,岂不是给英雄脸上抹黑?也许作者为了维护关羽的形象,才改为关羽"千里走单骑"这样的情节,这两位嫂嫂的存在,成为"美髯公"关羽"义贯千古"的重要条件。

另一位蜀汉名将赵云也是坐怀不乱的柳下惠。赵云夺取桂阳后,桂阳太守赵范和他结为兄弟,而且真心真意地想把守寡的嫂子——美人樊氏嫁给他,却被他断然拒绝。刘备与诸葛亮入城后,又劝他接受这位美人,赵云一番大道理把刘备、诸葛亮说得心服口服:"赵范既与某结为兄弟,今若娶其嫂,惹人唾骂,一也;其妇再嫁,使失大节,二也;赵范初降,其心难测,三也。主公新定江汉,枕席未安,云安敢以一妇人而废主公之大事?"刘备说:"今日大事已定,为汝娶之,若何?"赵云又答:"天下女子不少,但恐名誉不立,何患无妻子乎?"刘备于是评价:"子龙真丈夫也!"这也是作者对赵云的评价。

张飞对女人的态度如何?《三国演义》中完全没提到这些,但小说中提到,张飞的两个女儿先后做了蜀国皇后,也就是刘禅的正宫娘娘。张飞的妻子从何而来,他们感情如何?作者只字未提,好像张飞那两个女儿是从天上掉下来的一样。

因此我们说,在《三国演义》中:

男人为功名富贵而活着,女人为了男人的功名富贵而活着;

男人视爱情为无物,女人视婚姻、爱情为权术;

男人没有爱情才有英雄气概,女人是男人的陪衬、衣服,甚至是盘中餐。

诸葛亮、小乔成情侣

这个题目可能会让很多朋友觉得好笑,诸葛亮和小乔?这是哪儿跟哪儿啊?其实,我以前创作过这样一篇小说,让诸葛亮和小乔成了情侣。2001年,我在文学月刊《作品》上发表了一篇历史魔幻短篇小说《小乔初嫁了》,讲了这样一个故事:赤壁之战将要爆发时,诸葛亮去劝说周瑜跟刘备联合抗曹。他对周瑜说,曹操下江南就是想俘获"江东二乔",周瑜相信了,立即表示坚决抗曹。而在周瑜帷幕后边的小乔却对诸葛亮的计谋洞若观火,但她并未戳穿诸葛亮,反而对诸葛亮一见钟情,后来还跟诸葛亮私奔了。之后在赤壁之战中,很多决策都是小乔帮诸葛亮谋划的。

我为什么创作一个诸葛亮和小乔的爱情故事?因为我认为《三国演义》中诸葛亮的个性缺少一个重要的侧面——爱情和婚姻,我应该帮他做出补充。诸葛亮是《三国演义》中光彩照人的男主角,他的所作所为对"三足鼎立"局面的形成起到举足轻重的作用,他的风采让历代读者着迷,但是小说中对他妻子的描写却直到第一百一十七回才出现。当时诸葛亮坟前的树都长得老高了，魏国兵临城下，蜀国眼看就要灭亡，于是蜀国人想让诸葛亮的儿子诸葛瞻力撑危局。这时候作者提到了诸葛瞻的母亲黄氏。这位女性在整部小说里占的篇幅连标点在内只有一百字："其母黄氏，即黄承彦之女也。母貌甚陋，而有奇才：上通天文，下察地理；凡韬略遁甲诸书，无所不晓。武侯在南阳时，闻其贤，求以为室。武侯之学，夫人多所赞助焉。及武侯死后，夫人寻逝，临终遗教，惟以忠孝勉其子瞻。"这段话写得简单枯燥，还不忘对人家的相貌加一些"点评"。

一部八十万字左右的长篇小说，男主角的妻子只有这么可怜的几句，而且这个风采不凡的男主角和其他女人没有任何感情交流，真是世界小说史上的奇迹。就连孔子都拜访过南子，诸葛亮反而像他自己发明的木牛流马一般，是个没有感情的机器人。就算一定要说黄氏相貌丑陋，这个人物也是有很多文章可做的，但作者偏偏不想写。反倒是提到诸葛亮的岳父黄承彦时，作者似乎有些刻意地为他设置了很多戏份，比如他在刘备一顾茅庐时出来念了一首诗，使刘备觉得"极其高妙"；在诸葛亮去世后，他又把陆逊从诸葛亮生前布置的八卦阵救了出来。

这样一来，由于缺乏个人感情生活的描写，诸葛亮就缺少了最有人情味儿的一面。以罗贯中的才情，他本来可以把诸葛亮的感情生活写得丰富精彩一些，但他有意识地回避了这些内容。鲁迅先生曾说过，在《三国演义》中，"状诸葛之多智而近妖"。如果诸葛亮能多一些"常人"的举动，多一些夫妇之情、天伦之乐，多几分温柔细腻，不就能少一点儿"妖气"了吗？或许正因为诸葛亮缺少一些普通人日常生活中的行为，就使人觉得他可爱但未必可亲，使他多少带了点儿英国作家、文学理论家爱德华·摩根·福斯特说过的"扁平人物"的特点。福斯特认为，小说家笔下的人物，可以分成"扁平人物"和"圆形人物"。所谓"扁平人物"，就是人物某一种性格特征特别突出，比如巴尔扎克笔下酷爱女色的于洛男爵，沉湎于口腹之欲的邦斯舅舅，倾其所有溺爱女儿的高老头等；所谓"圆形人物"，就是小说家笔下的人物性格多侧面，个性丰满、复杂，典型例子可以看看贾宝玉。我在大学讲课讲到《三国演义》时，必定说到作者创造人物的重要特点"三绝"，即诸葛亮"智绝"、曹操"奸绝"、关羽"义绝"。

也许有人会说，作者不写诸葛亮的家庭生活有什么关系，《三国演义》不仍然是一部了不起的名著吗？但我认为，女性意识的空前失落使得《三国演义》在艺术创造方面有所欠缺，尤其是对诸葛亮的描写有些不足。

我那篇魔幻短篇小说《小乔初嫁了》是这样把诸葛亮和小乔写成情侣的。小说讲述苏轼某日在黄冈赤壁旁高吟《念奴娇·赤壁怀古》，忽然见到一个仙风道骨的青年在江边一边弹琴一边吟诵自己刚刚写成的这首词，他大吃一惊。接着这个青年和苏轼攀谈起来，说苏轼写的《诸葛亮论》雄辩滔滔、才气满纸，可惜略显偏颇，还说苏轼毕竟不是诸葛亮，不可能知道诸葛亮如何决策。苏轼反问，我不是诸葛亮，难道你是吗？没想到这个青年说，自己正是诸葛亮。他自称被玉帝派做文曲星护卫神，因此得以青春永驻。苏轼一听慌忙行礼。随后诸葛亮对苏轼讲起自己的经历，说自己去游说周瑜联合抗曹时，隔着纱帘见到了灵心慧性的小乔，不觉有些动情。小乔慧眼识人，毅然与他私奔。他有小乔相伴如沐春风，小乔因熟读《越女书》通晓奇门遁甲、布兵排阵，使他如虎添翼。他一度担心周瑜追究，但周瑜却称夫人一直染病卧床，他暗自认为周瑜为遮丑故意掩人耳目。后来周瑜箭创复发去世，小乔扮作小童随他前去吊唁。在灵堂中，一位和小乔一模一样的白衣女子向小乔飞奔而来，二女相遇，合为一人。这时他才知道，原来陪伴在身边的是小乔的灵魂。苏轼听罢惊叹不已，问诸葛亮后来是否和小乔长相厮守，诸葛亮没有正面回答。苏轼还想问其他问题，忽然听到有人喊他"醒一醒"，才发现自己睡在船舱内，而刚才遇到诸葛亮的事只是他的梦。然后他又发现自己身边有把白色羽扇，正是梦中诸葛亮手里拿的，不由得愣了……

亚里士多德说过，荷马给诗人们的教导就是"把谎话说圆"。而《小乔初嫁了》这篇小说就是模仿《聊斋志异》的笔法，尽量"把谎话说圆"。其实我写这篇小说的初衷，还是因为我对《三国演义》中诸葛亮的描写抱有遗憾，想用这个魔幻故事给诸葛亮的人生补充一些情趣。

第二章

男性作家笔下的情爱乌托邦

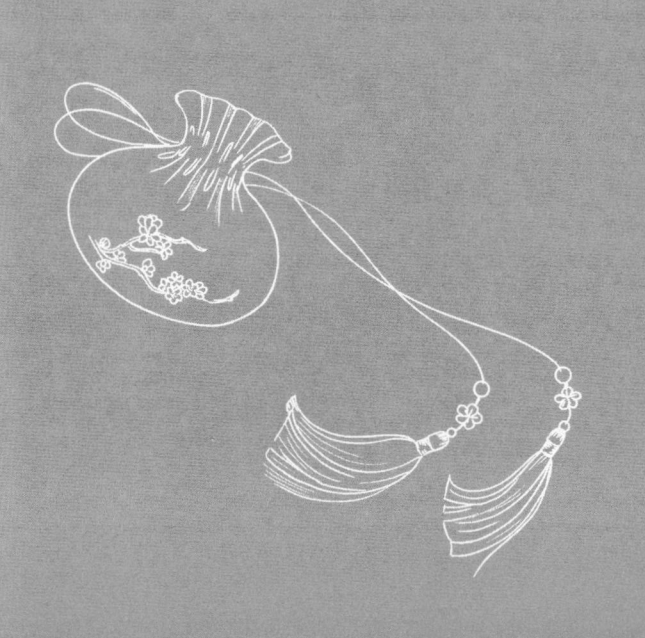

"文学贞节碑"和"文学耻辱柱"

就像在法庭上律师跟检察官做"结案陈词"一样，1993年我在中国古代小说国际研讨会上，对我的论文《女性意识在〈三国〉〈水浒〉中的空前失落》做最后的结论。我的结论是，因为女性意识的空前失落，《三国演义》成了女性的"文学贞节碑"，《水浒传》成了女性的"文学耻辱柱"。

从唐传奇到《三国演义》《水浒传》，我们可以看到：

在唐传奇中担任领衔主演的女性，在《三国演义》《水浒传》中成了配角和陪衬；

女性的地位从天上仙眷掉到地上的泥淖中，描写女性时的态度也从歌颂、同情，变为轻视、异化、诬蔑、丑化，女性往往不再优美、温柔，不再产生举足轻重的影响；

爱情从唐传奇的"合情而不合法""情战胜法"，成了《三国演义》中的"无情"和《水浒传》中的"情即淫"，也就成了万恶之首；

都是因通奸被杀，唐传奇《非烟传》以同情的态度写女主角步非烟美的毁灭，《水浒传》却津津乐道地描写英雄如何杀女人；

唐传奇中的英雄可以为女人的爱情献身，三国英雄却可以把女人当作随意更换的衣服，水浒英雄对女人更是无比轻视。

同样是妇人有了外心，唐传奇《柳氏传》中的李生将自己的宠妾柳氏送给她钟情的秀才韩翊，说"柳夫人容色非常，韩秀才文章特异，欲以柳荐枕于韩君"，主动将自己的小妾推荐给好友。而在《水浒传》中，和妻子潘巧云并不般配的杨雄、用钱占有外室阎婆惜的宋江，却都用钢刀维护做丈夫的尊严。

所以我说，就女性意识而言，从唐传奇到《三国演义》《水浒传》，是大大倒退了。那么，为什么在罗贯中、施耐庵这两位伟大作家的笔下，会出现女性意识的倒退呢？

《三国演义》《水浒传》是中国长篇小说的开山之作，它们的笔墨集中在政界要人、传奇英雄上，有关女性的描写出现某些不足也可以理解。不过我依然觉得遗憾的是，这两部名著不仅对女性角色的塑造简单化、表面化，而且它们反映出的女性观念，在某种程度上可以说是背离了人性和人道主义精神。

为什么会出现这样的现象？恐怕只能从自宋代开始统治宗法社会后期的思想潮流——新儒学，也就是宋明理学来看。宋明理学观是以儒家思想为核心的，其中以"存天理、灭人欲""饿死事小，失节事大"为代表的这类理论观点，正是通过《三国演义》的轻视女性、《水浒传》的蔑视女性，自觉地、艺术地、顽强地、生动精彩地呈现出来，这两部作品中女性意识的失落，和这种观念不无关系。

宋代儒学家认为，"理"是"月印万川"，是主宰一切事物的法规。如果说，以"忠君"为最主要思想基础的"理"做主导，描写宋代生活的《水浒传》还算基本符合历史，那么同样的思想在《三国演义》中做主导，就改变了三国时期"孝"占重要地位的社会思想，让三国女性按宋代儒学倡导，为理而生，为理而存，为理而献身，也就是为"权、忠、义"献身，就显得有几分可笑了。

宋代儒学家认为，"理"和"人欲"是绝对对立的，"天理存，则人欲亡；人欲胜，则天理灭"。关羽、赵云在女性面前战战兢兢、如履薄冰的道德修养，武松、石秀、李逵对女人的不屑一顾，都淋漓尽致地表现了儒家伦理学的"自律"和"慎独",他们都成了坚决"灭人欲"的典范,遵循着"不以嗜欲累其心,不以小害大、末丧本焉尔"的原则。

《三国演义》中的女性只能压制自己的权利和愿望,甘心去做英雄的衣服、美人计的筹码,甚至是英雄的盘中餐。《水浒传》中那些想满足"人欲"且以"人欲"干扰英雄事业的女人(如不忠于宋江的阎婆惜等)只能为英雄祭刀,而那些战胜了"人欲"并为追求"天理"而奋斗的女人(如顾大嫂、孙二娘等),又不得不磨灭掉相当程度的女性特点,成为男人眼中不伦不类的"大虫""夜叉"。

清代思想家曾批判过宋代儒学家对女性那些残忍、迂腐、愚蠢的说教,如"酷吏以法杀人,后儒以理杀人""俗学陋行,动言名教""数千年来,三纲五伦之惨祸烈毒"等。而这些说教却在《三国演义》《水浒传》中得到肯定性的、艺术化的描写,所以我的结论是:

《三国演义》是为"理"而献身的女性的"文学贞节碑";

《水浒传》是背"理"而求欲的女性的"文学耻辱柱"。

由思想开放的唐代到经历了宋明理学的元代,文人在女性观念上呈现倒退似乎也不足为奇。其实,以关汉卿、王实甫、马致远、白朴为代表的元杂剧，已经以《窦娥冤》《救风尘》《西厢记》等作品中一个个优美、大胆的女性形象在文坛上大放异彩，而诞生于元末明初的《三国演义》和《水浒传》在女性形象塑造方面不仅没有更上一层楼，反而出现了意识上的严重倒退。遗憾的是，罗贯中和施耐庵这两位大作家的生平事迹在史书上鲜有记载，流传到今天的有不少都属于民间传说，因此我们很难从二人的真实经历中挖掘出其创作理念的确切成因了。

国际研讨会的"性别围攻"

1993年在北京香山召开的中国古代小说国际研讨会上，有来自法国、美国、德国、日本、韩国等国的学者，据说基本把全世界著名的汉学家都请来了，一共九十名学者参会，其中女性学者算上我为十名左右。我后来跟朋友们聊起这件事时，说自己参加了一个认真研究中国小说的国际会议，在会上为了给女性伸张正义而"大放厥词"，结果受到来自六个国家和地区的男学者的"性别围攻"，但也收获了好几个国家和地区的女学者的热烈支持。

我在研讨会上发言说，《三国演义》《水浒传》相对唐传奇而言，女性意识可谓空前失落，两部作品都表现出以男性为中心的观点。《三国演义》用"权、忠、义"把女性男性化，成了女性的"文学贞节碑"；《水浒传》用"女人是祸水"的观点把女人写成"淫妇""虔婆""夜叉"，成了女性的"文学耻辱柱"。

国际讨论会限定发言十五分钟，我一分钟都没多讲，但我讲完后，大家讨论的时间却远远超过我的发言时间，我提出的议题几乎成了那天的"中心议题"。六个国家和地区的男学者说对我的发言"很感兴趣""很受启发"，但是需要做点儿"补充和建议"……这当然是外交辞令，实际上是男学者们不同意我的观点，用较为文雅的语言对我痛加批评。

法国高级研究院教授张馥蕊说，马教授的论文很有意思，孔子说"唯女子与小人为难养也"，这属于中国的传统思想。这位法国华裔老学者从孔子讲到韩愈，从韩愈讲到钱穆，似乎是在委婉地表示，坏女人就应该被杀。

时任中国社会科学院学部委员、文学研究所副所长的邓绍基教授说，封建社会是宗法社会、男性社会，英雄就是不能"拴在女人的裤腰带上"，现代小说《死水微澜》中的袍哥也奉行这种原则，他们宁要外遇，不要家室。

时任中国社会科学院文学研究所研究员的杨义教授说，练武功的男人就得禁绝跟女人来往。

有位中国香港男学者说,《三国演义》《水浒传》都是强人写给强人看的文学……

大家讨论得相当热烈,我觉得这些聪明的男学者从另一个角度帮助了我。他们发言的内容和方式,对我此后不管是研究小说还是塑造学者形象,都很有帮助。我边听边想:哈哈,尊敬的各位前辈,各位名动中外的大专家,你们字斟句酌、道貌岸然地"评论"我的发言,实际上却是在批判你们"不敢苟同"的"异端邪说",你们终于把轻视女性的"狐狸尾巴"露出来了!

我正在记录男学者们的发言,大会的主持人、时任芝加哥大学图书馆馆长的马泰来教授突然问道:"马教授,你对大家的讨论有什么回应?"

我不假思索地说:"大家的发言对我很有启发、很有帮助,都说得极有道理。但是……我坚持我的观点,我还会在今后的研究中不断丰富和完善我的观点!"

见我这样旗帜鲜明地固执己见,各国学者都笑了。

男学者们是宽容地笑,女学者们则雀跃不已,私下里都把我引为同道。韩国学者咸恩仙说:"你说出了我的心里话!"中国台湾学者颜美娟说:"中国女性不仅过去吃亏,现在还是这样。台湾学术界的婚姻,男人是既得利益者。他们找妻子,就是找个和他一起赚钱还能伺候他的人;女人却是找到一个负担,从此不仅要工作,还要做家庭主妇,伺候丈夫和公婆。女人结了婚,负担反而比过去更重了。"

德国著名汉学家爱娃·穆勒教授是一位大约长我十岁的金发碧眼的女士,散会后,我恰好和她一起回房间。她边走边滔滔不绝地说:"我很欣赏你刚才的发言,很同意你的观点,你讲的女性意识十分重要,在我们德国有位女汉学家一直在研究这个问题,我想她应该很愿意和你建立联系,共同研究这个课题。"她又说:"在德国,女权主义有两种,一种大概就是你在文章里体现的,要求尊重女性,要求女人的权利;另一种则比较极端,她们主张'把男人全部杀掉'。我不是这样的女权主义者,我同意你的观点。这几部中国古典名著,对女性的确不是很尊重,但是人们在研究时一直没有充分注意到这个问题。我们以后共同研究这个问题好吗?晚上请到我房间来,我们好好地谈一谈。等一下,我有个礼物要送给你。"她从房间里拿出一大盒巧克力,每个巧克力球上都印有音乐家莫扎特的烫金像。我当时很高兴,想到自己把巧克力带回家时,我的宝贝女儿肯定乐坏了。

我在会上回应大家的讨论时,故意模仿男学者的发言方式,先谦恭地说几句他们的发言对我"很有启发、很有帮助",接着话锋一转,加重语气说:"但是……我坚持我的观点,我还会在今后的研究中不断丰富和完善我的观点!"会后张馥蕊教授对我说:"你上学的时候,肯定是让老师头疼的顽皮角色!"几年后,爱娃·穆勒教授在蒲松龄国际讨论会上告诉我,上次研讨会后从香山返回市中心的路上,几位男学者包括中国的邓绍基教授和杨义教授,都聊到我对大家讨论的有趣回应。邓绍基教授还说:"马教授非常有思想、有个性。"

我在研讨会上做报告的论文改写成长篇散文发表在《小说家》上以后,居然有好几位男作家打电话过来,表示赞同我的观点,但他们之后很快发表了几篇名为"商榷"实则教训我的文章。我对这类文章概不理睬。

几年后的蒲松龄国际讨论会上,我提供的论文是《〈聊斋志异〉的男权话语和情爱乌托邦》,从女性角度"批判"我研究了二十年、写了好几本研究专著的蒲松龄。主持我发言的是俄罗斯科学院院士李福清教授,他对我的发言很宽容,但是和之前的研讨会上一样,我的报告立即受到来自几个不同国家的男学者的"围攻"。还没等我回应,香港浸会大学教授刘楚华女士开口了,她说:"国际女性主义浪潮已发展到第三波,马教授的观点其实没有什么出格的地方,男士们仍然不能容忍,你们是不是太跟不上潮流了?"

大家看,学术研究这样"男女有别"、壁垒分明,是不是也挺有趣的?

蒲松龄的男权话语

在我的《〈聊斋志异〉的男权话语和情爱乌托邦》一文中,我对权威文学史关于《聊斋志异》的爱情主题具有反封建意义的观点提出了不同看法。

游国恩等学者主编的《中国文学史》在介绍《聊斋志异》的章节中称:"描写爱情主题的作品……表现了强烈的反封建礼教的精神。……作品中的青年男女,他们自由地相爱,自由地结合,和封建婚姻形成鲜明的对比。这些充满幻想的故事,无疑是现实爱情生活中新生因素的集中和升华……但由于作者的思想局限,也存在许多消极落后的东西。……表现了作者肯定愚孝、贞节及一夫多妻等封建伦理观念。"

我认为这样分析《聊斋志异》并不能阐明书中许多爱情故事的深层内涵,不少爱情故事其实是作者蒲松龄用男权话语创造的情爱乌托邦。爱情故事中的女主角，不管是神鬼狐妖还是现实中人，都是按蒲松龄的人生理想和道德准则进行艺术加工，最终扭曲成"蒲松龄式"的女性形态。这些女性是以现实生活中的书生，特别是社会中下层怀才不遇的书生的需要为中心，以"理想女性"的姿态，满足男性中心主义的各种需要。那么，什么样的女性是蒲松龄心目中的"理想女性"呢？贤惠、不忌妒、以丈夫的需要为中心的妻子，美丽顺从、安分守己的小妾，在"妻妾和美"的基础上，还可以出现让男性"春风一度"的情人，无条件地给男性提供唾手可得的性爱享受。在这些聊斋故事里，男女并不平等，封建的樊笼并没有被冲破，礼教的桎梏也并没有被打碎。这并不是作者的"思想局限"，而是他顽固的男权观念和潜意识中的渴望，也可以说是封建道学思想的体现。

一个作家有什么样的人生理想，就会在作品中派生出相应的两性观，创造出符合这种观念的理想人物。封建时代读书人的终极理想并不全是《三国演义》中刘、关、张三人推崇的"上报国家，下安黎庶"，倒有可能是高官厚禄、娇妻美妾、福寿双全、儿孙满堂。蒲松龄这样的理想充分体现在他晚年创作的俚曲《富贵神仙》中：

> 每日奔波条处里撞，一举成名四海传。歌儿舞女美似玉，金银财宝积如山；一捧儿孙皆富贵，美妾成群妻又贤；万顷田园无薄土，千层楼阁接青天；大小浑身锦绣裹，车马盈门满道看……天爷赐了生铁券，千年万辈做高官。

这样的理想庸俗不庸俗，酸腐不酸腐？

在蒲松龄看来，男人可以拥有娇妻美妾，女人却必须恪守"三从四德"，要容忍男人纳小妾、收丫鬟、采野花、置外室。他在作品中创造出两类"理想女性"："贤妻"和"佳妾"。

第一类"理想女性"是"贤妻"。蒲松龄在《罗刹海市》中让俊男马骥再现了《富贵神仙》中的人生理想，在龙宫中娶了龙女。龙女恪守封建淑女的规范，她是慈爱的母亲，是孝顺的儿媳，是忠诚而绝不忌妒的妻子，符合男性对妻子的各种要求。马骥在龙宫思念父母，龙女不仅不阻拦丈夫回乡孝亲，还主动提出，丈夫跟她分离后，可以找丫鬟同居，"倘虑中馈乏人，纳婢可耳"。马骥回家后果然有了通房丫鬟，而龙女在龙宫形单影只、"久辞粉黛"。夫妻守义的责任，单方面落到了龙女身上。《罗刹海市》是《聊斋志异》中一个优美的故事，但男女主人公在爱情上又如此不平等。

这不是蒲松龄的发明创造，而是封建宗法制社会固有的观念：男人可以朝三暮四，女人必须从一而终。蒲松龄只不过是写出了当时社会上司空见惯的现象。

在聊斋故事中，只要是"贤妻"都会唯丈夫马首是瞻，《罗刹海市》《神女》浓墨重彩描写的女主角都是仙女，龙女在丈夫即将独居时，提前告诉他可以纳婢；神女则因为几年未育，主动建议历经波折与自己成亲的夫君再娶个小妾做"备胎"。《萧七》里的丈夫不和妻子商量，就把一个狐狸精纳为小妾，他的妻子居然热情地给他们准备新房，还毫无怨言地招待小妾的姐妹。最不可思议的是在写"鬼中之鬼"的《章阿端》里，戚生已经化鬼的妻子，在回来找戚生同住时，居然能容忍戚生留下他的"鬼情人"章阿端，三人一起同住。《聊斋志异》中的这类"贤妻"，她们的行为完全符合男性的需求。我研究这些故事时，经常感觉啼笑皆非，心想：《聊斋志异》里的男性活得多自在，而女性又活得多屈辱！

第二类"理想女性"是"佳妾"。在蒲松龄看来，男子纳妾天经地义，妻子应该支持，否则便是"妒妇"。但是嫡妻在家庭中有不可侵犯的地位，小妾必须恪守"嫡庶有别"的规定。《阿霞》写景生与女鬼阿霞相爱，回家后强行休妻，结果受到阿霞的严厉斥责:"负夫人甚于负我!结发者如是,而况其他?"《青梅》中的狐女青梅被卖到王家给小姐阿喜做丫鬟,她先是想促成阿喜和人品高尚的书生张生联姻,遭到阿喜父母拒绝后,她决定自己投奔张生,在阿喜的帮助下,与张生喜结良缘。后来阿喜落难,与青梅偶遇,青梅毅然将阿喜接回家也与张生成亲,并将阿喜作为正妻对待。最后皇帝得知此事深受感动,下令将青梅、阿喜二人"俱封夫人"。小妾如果受到嫡妻凌辱怎么办?蒲松龄提倡逆来顺受,典型例子是《邵九娘》《吕无病》《妾击贼》。《邵九娘》中的小妾邵氏对嫡妻金氏无奇不有的虐待俯首帖耳,金氏用烧红的烙铁烙了她的脸,她却自我安慰地说"彼烙断我晦纹矣";《吕无病》中的鬼妾吕无病对暴虐的嫡妻王氏从无怨言,还拼命保护已故嫡妻许氏生的儿子;《妾击贼》中的小妾身怀武林绝技,有一群盗贼闯入她家院中时,她一人将多名盗贼打退,但她平日却甘受嫡妻欺凌,且认为"是吾分耳"。小妾对嫡妻打不还手、骂不还口,自愿为奴,还笃信受苦是自己命中注定的,这样的思维方式正是男性眼中的"佳妾"必备的"美德"。

但是,在蒲松龄看来,男人的一生中还应该拥有比"贤妻""佳妾"更重要的东西,那就是子嗣。

子嗣至上

在《聊斋志异》中，男主人公除了表现出对"贤妻""佳妾"的不懈追求，还集体奉行着一个更重要的原则，那就是"子嗣至上"。对他们来说，不管是"贤妻"还是"佳妾"，不管是明媒正娶还是半路"采花"，不管是一夜风流还是白头偕老，最重要的既不是性爱，也不是两情相悦甚至相知相伴，而是能否传宗接代。"不孝有三，无后为大"恐怕是他们一生的座右铭。

"袖里乾坤"是个成语，在《聊斋志异》中衍化成一个谐趣的爱情故事。《巩仙》中的尚秀才和歌伎惠哥情投意合，定下婚约，但惠哥被鲁王选到了宫中。尚秀才虽然已娶妻生子，却对惠哥不能忘情，他求能出入鲁王府的巩道士帮忙。巩道士把尚秀才纳入袖中，那只袖子"光明洞彻，宽若厅堂"。道士进入鲁王府和鲁王下棋，假装用袖子拂灰尘，把惠哥也装进袖子。这对情人在袖中相会、联诗，"袖里乾坤真个大，离人思妇尽包容"。后来惠哥怀孕，在袖中生下一个男孩儿。道士用袖子把孩子偷运回家，交给尚秀才的妻子抚养。表面看来，道士是一个何等热心的爱情护卫神，他用法术使有情人终成眷属，但是道士本意远非如此。他对尚秀才说："君宗祧赖此一线，何敢不竭绵薄？但自此不必复入。

我所以报君者，原不在情私也。"原来道士预见尚妻之前生的儿子以后会夭折，而惠哥生的儿子将会成为尚秀才唯一的继承人。仙人只是为了凡人的子嗣一展神技，一旦子嗣问题解决，爱情问题就概不负责了。男女之情在这个所谓的爱情故事中所占的分量简直不值一提。

在聊斋故事中，如果说"爱情"就像孙悟空，那么"子嗣"就像如来佛的手心，孙悟空休想跳出去。

"子嗣"可以拆散恩爱夫妻。在《阿英》中，甘家养过一只聪明的鹦鹉。甘珏小时候问父亲为什么要养鹦鹉，父亲开玩笑说："将以为汝妇。"鹦鹉认为这就是婚姻之约，于是修炼成美丽善言的少女阿英，多年后回来和甘珏成亲，两人十分恩爱。甘家人发现阿英的异类身份后，哥哥甘玉想赶阿英走，阿英表示"自分不能育男女"，于是变回鹦鹉飞走。甘珏又娶姜氏，但不喜欢她，也未和她生育。后来甘珏又遇到阿英，和嫂子强行把她拉回家，想和她再续前缘。但阿英不愿和甘珏亲近，只关心甘家是否有后代。她施展法术将姜氏变美，让甘珏乐意亲近；又应嫂子要求，将一个"有宜男相"（面相显示能生儿子）的婢女变美，给甘珏的哥哥甘玉做妾。最后阿英变成鹦鹉飞走，再不回来了。阿英二次回归，是以"前任"身份帮助"后任"美容，以此获得丈夫宠爱,给甘家生儿子。真正的爱情早已让位于求子嗣的婚姻,这是一件多么尴尬的事。

"子嗣"可以让夫妻之间演出互相蒙骗的丑剧。在《林氏》中,林氏和丈夫戚安期感情深厚,因为她不能生育,戚安期又拒绝纳妾,于是她千方百计让丫鬟海棠冒充自己和戚安期同床。后来海棠先后生下两儿一女,林氏把儿女藏在娘家养大,戚安期居然毫不知情。最后林氏就像演活报剧一样,让儿女一起出现给戚安期拜寿,戚安期惊喜不已,终于同意将海棠接回家做妾。早有聊斋点评家质疑过,到底是妻子把丈夫骗了,还是丈夫把妻子骗了?在蒲松龄眼中,林氏实在是太贤惠了。但是《林氏》使我们看到,妻子为了子嗣丧失尊严,丈夫为了子嗣丧尽人格,还有妇女作为传宗接代工具的悲哀。

"子嗣"使得精明强干的女子不得不违心地给没出息的丈夫纳妾。《颜氏》中的少妇颜氏博学多才,参加科举考试并金榜题名,对她来说就像拾根草棒那么容易。因为丈夫屡试不中,她女扮男装应考,一帆风顺,官职一路做到御史,富比王侯,公婆都因她屡受皇恩。但她后来将官职让给丈夫,自己闭门雌伏后,因为一直未孕,不得不自己出钱替丈夫纳妾,以便传宗接代。她对丈夫自嘲道:"凡人置身通显,则买姬媵以自奉;我宦迹十年,犹一身耳。君何福泽，坐享佳丽？"为什么？就因为她是女人。

"子嗣"使最爱忌妒的女性变成允许丈夫纳妾的"贤妻"。《段氏》中的富翁段瑞环四十无子，妻子连氏善妒，不许他纳妾，他收过一个通房丫鬟，被连氏知道后卖给别人家了。后来因担心段瑞环无后，连氏被迫同意他纳妾，但也只留下一个女儿。段瑞环死后，他的侄子们来抢家产，连氏无计可施，落入悲惨的境地。此时段瑞环当年同丫鬟生的儿子突然回来认祖归宗，连氏立即趾高气扬地说："我今亦复有儿！"终于保住了家产。连氏临终时，叮嘱女儿和孙媳如果将来三十不育，必须卖掉首饰给丈夫纳妾，似乎已经将这个观念作为一条祖训传给后代了。

在蒲松龄之前，李渔曾在《十二楼》的《夏宜楼》一篇中说，"男子与妇人交媾，原不叫做正经……只因在戏耍亵狎里面，生得儿子出来"，就成了"一件不朽之事"。李渔是以反讽的语气说子嗣的作用，蒲松龄却真诚地把"子嗣至上"作为衡量两性关系最重要的标准。聊斋人物常按这样的观念行事：《神女》中的神女法力无边，对整个家庭的存亡起到举足轻重的作用，却主动劝丈夫纳妾，因为自己数年不育。《侠女》中"冷若霜雪"的侠女主动挑逗贫穷的顾生，不是为了爱情，而是因为她们母女俩受顾生照顾，顾生家贫无力娶妻，侠女打算给他生个儿子以此报恩。最著名的鬼故事《聂小倩》中的女鬼聂小倩和宁采臣生死相恋，宁采臣带小倩初次见宁母时，宁母就明确告诉小倩，自己只有一个儿子，要靠他传宗接代，不许他娶鬼妻。小倩对宁母说："子女惟天所授。郎君注福籍，有亢宗子三，不以鬼妻而遂夺也。"意思是宁采臣命中注定会有三个儿子，不会因为娶了鬼妻就没有了，于是宁母立即给他们举行婚礼……

"子嗣至上"的观念，超越性爱和婚姻，凌驾一切，操纵一切。《聊斋志异》中推崇这种思想的故事常伴有酸腐的伦理说教，这样做的结果一是损害了人物性格，使本来相当鲜明的人物带上某些封建道德化的印记；二是损害故事布局，使原来简约、晓畅的故事节外生枝。但蒲松龄乐此不疲，顽强地在形形色色的爱情故事中高唱"子嗣至上"的滥调，这是一种畸形的、带有明显封建色彩的两性观。

二美共一夫

珍贵的爱情常常是《诗经》中歌颂的"之死矢靡它"，死也不爱其他人。爱情往往是排他的，不能像切哈密瓜一样跟别人分享。但是在《聊斋志异》的爱情故事中，蒲松龄常常会有意识地把爱情纳入"二美共一夫"的男权轨道。

《连城》是《聊斋志异》最精彩的爱情故事。贫穷的书生乔生在富家女连城择婿时,因为献给连城优美的诗,得到连城欣赏,两人还没见面就已经心有灵犀。连城因为父亲把她许配给盐商之子王化成而忧郁成疾,一个西域和尚提供了一个药方,需以男子胸口肉做药引,王化成不干,乔生毅然割下心头肉给连城治病。连城后来仍然抗婚而死,乔生悲痛过度,与连城在地下相见。这对男女的知己之爱,不仅超出"父母之命",而且超出"一见钟情",这样的爱情多么优美。清代文学家王士禛[①]曾认为这个故事可以和《牡丹亭》并列。但不可思议的是,当连城和乔生的鬼魂在乔生朋友顾生的帮助下准备返回阳间时,蒲松龄偏要设置一个白衣女郎宾娘,要求跟随连城一起复活。回到阳间后,宾娘就给乔生做妾了。这样一来,原本"之死矢靡它"的生死恋就变成了不伦不类的"二美共一夫"。就思想而言,这叫"佛头增秽";就艺术而言,这叫"画蛇添足"。为什么蒲松龄以能创造"知己之爱"自豪,也清楚写短篇小说最忌节外生枝,却

[①] 王士禛(1634—1711):又名王士祯,字贻上、子真,号阮亭、渔洋山人,世称"王渔洋",清初诗人、文学家、文学理论家。——编者注

硬要给生机勃勃的爱情之树接上一段"二美共一夫"的枯枝？还是因为他心中的男性中心主义思想作怪。

蒲松龄实际采用了一种双重标准：男女双方可以因爱结合，可以为了爱上天入地、出生入死，一世之爱不足，继之二世相爱，但是这并不妨碍男人同时享受至高无上的男权。而女性没有"泛爱"的权利，寡妇改嫁往往没有好下场。聊斋故事中身为神鬼狐妖的女性可以自由地、主动地选择所爱的男人，可以在争取爱的权利时创造惊天地、泣鬼神的奇迹，但是她们最终不管做妻、做妾，还是做情人，都得从一而终，那些与她们相爱的男人却有"兼爱"之权，甚至可以拥有更多的女人。

比如在《聊斋志异》中较早的一篇讲鬼狐故事的《莲香》中，狐女莲香和鬼女李氏先后主动与桑生发生关系，蒲松龄用玩味的态度描写两个女性向同一男子争宠，赞叹二女子从争风吃醋转为"妾见犹怜"。《莲香》这样的思想倾向在蒲松龄耗费毕生精力创作的《聊斋志异》里不断延续，在其他很多作品中也能见到。如《小谢》写两个美丽的女鬼秋容、小谢，一开始只是跟陶生嬉闹，后来被陶生刚直不阿的人格吸引，争相向陶生示好、献媚，互相有些忌妒。后来在跟恶势力斗争中，两个女鬼妒意顿消，先后转世为人，与陶生共结"二美共一夫"的生死缘。

不管是人、鬼、狐、仙还是妖，在聊斋故事中，跟同一个男人相爱的女性既无一例外地对他无比忠诚，又在家庭生活中满足这个男人传宗接代和奉养老人的要求。

《巧娘》是《聊斋志异》中最带色情意味的故事，有很多令人喷饭的性描写。故事讲述傅生原本有生理缺陷，后意外被女鬼华姑治愈，整个过程写得十分详细。华姑的女儿巧娘和狐女三娘为争夺傅生互相妒忌，最终一鬼一狐都跟傅生回家，关系和谐，孝顺公婆，巧娘还给傅家生下了传宗接代的儿子。

《陈云栖》讲述猎艳男子真毓生先后娶了两个女道士为妻，一个女道士陈云栖是喜欢和丈夫弹琴下棋的美妻，另一个女道士盛云眠是讨婆母欢心、擅长料理家务的良媳，两人都为真家生下好几个孩子。

《嫦娥》写男主角宗子美先向仙女嫦娥求亲，受到嫦娥养母林婆子阻碍后，又和狐女颠当"遂相燕好"，并且"约为嫁娶"，之后又设法娶嫦娥进门。双美俱得后，最符合男性心理的事出现了：嫦娥可以随时变幻为杨贵妃、赵飞燕的模样，宗子美得到了她，千古之美人他都可以享受，比汉成帝和唐玄宗还有艳福……

有些脍炙人口的聊斋故事，从表面上看男女主角爱得真诚、浪漫、如痴如醉，但小说总是在不经意中透露出男主角早有妻子的事实，就这样，男主角既维护了神圣的婚姻，又得到了美丽的情人。

著名的狐精故事《青凤》中，耿去病对狐女青凤一见钟情，感情狂热而执着。他第一次见到青凤，就拍案疾呼："得妇如此，南面王不易也！"青凤因与其亲近受到叔叔胡叟斥责时，他表示："刀锯铁钺，小生愿身受之！"但是耿去病在追求青凤时，是带着妻子、孩子搬到青凤邻近处的。后来耿去病与青凤有情人终成眷属，小说并未提及耿生嫡妻的反应和言行，却在篇末提到，耿去病的"嫡出子渐长"后，青凤的堂弟孝儿担任了教师的角色。原来，这么一场曲折优美、轰轰烈烈的恋爱，只不过是让多情的耿去病增加了一名美丽而善解人意的小妾而已。

在《竹青》中，男主角鱼客在旅途中，借幻梦变成一只乌鸦，成了"黑衣队"（乌鸦群）成员，与雌乌鸦竹青成为伴侣。竹青成了仙女后，继续跟鱼客相爱。鱼客的妻子和氏不能生育，竹青给他生下儿子汉产。鱼客约竹青共返家乡，竹青说："无论妾不能往，纵往，君家自有妇，将何以处妾乎？不如置妾于此，为君别院可耳。"于是，鱼客往来于和氏和竹青之间。他可以随时披上黑衣变作乌鸦飞去与竹青相聚。听说竹青即将为他生下孩子时，他还开玩笑问竹青"胎生卵生"。表面看来，这是一个"人鸟恋爱"的故事，但是说穿了，这不过是一个男人在不同地方安了两个家，一妻一妾相安无事的幻想罢了。

"二美共一夫"而且子孙满堂，是蒲松龄在许多爱情故事中以幻想形式表达出的人生追求。这样的追求不仅是酸腐的男性中心主义思想的表露，而且往往会降低小说的艺术水平。我们看看王桂庵父子两代人的爱情故事就知道了。

在《王桂庵》中，豪门公子王桂庵丧妻后外出游历，对邻船"风姿韵绝"的绣花女芸娘一见钟情，他向绣花女芸娘掷下的金钏成了定情物，两个年轻人电光石火般的初见很快就结束了。之后的一年多时间里，王桂庵一直驾船沿江寻找绣花女芸娘，绣花女芸娘也一直在苦苦盼望。后来王桂庵历经波折终于和芸娘在徐太仆家完婚，婚后第三天两人乘船回王家，王桂庵在船上开玩笑说"我家中固有妻在"，芸娘听后毫不犹豫地跳进江中。她一方面不能忍受王桂庵的欺骗，另一方面也不能忍受做妾的命运。王桂庵以为芸娘溺亡，悲痛欲绝。一年多后又意外遇到芸娘，原来她早被救起，且已生下王桂庵的儿子。误会消除后，一家人终于团聚。小说人物充满光彩，情节简练有致。续篇《寄生附》则讲述了王桂庵的儿子王寄生的爱情故事。王寄生先后爱上两名女性郑闺秀、张五可，一度陷入窘境，两名女性最后心甘情愿地"二美共一夫"，都嫁给了王寄生。由于作者的酸腐思想作祟，《寄生附》这个小说被纳入"双错认"的俗套。小说的女主角之一张五可还算性格鲜明，而男主角王寄生和另一个女主角郑闺秀的性格则有点儿含含糊糊、摇摆不定。让人不可思议的是，小说最让读者印象深刻的并不是男女主角，而是两个先后帮王寄生说媒的老妇人于氏、张氏，这两个老妇人写得真是神采飞扬。《寄生附》这个小说在情节设计上节外生枝，在人物描写上不仅喧宾夺主，还让小说人物成为作者意愿的代言人，在今天读起来相当别扭。很多人都听说过根据《寄生附》改编的评剧《花为媒》，剧作家成兆才对原作情节进行了调整，又增加了一个男性角色（男主角的表弟），最后让两男两女成就两桩婚姻。

蒲松龄的情爱乌托邦

我们在大学讲文学史经常用到一个词——人民性。蒲松龄一辈子都是底层人民中的一员。他是山东淄州（今山东省淄博市淄川区）乡民，家里只有几十亩薄地，却要养活父母、妻子、儿女，当私塾老师"舌耕"养家成了他主要的生活来源。他从二十六岁开始在缙绅人家坐馆①，七十岁才撤帐②回家，就像他在诗中写到的"久以鹤梅当妻子，且将家舍作邮亭"。独对青灯古卷的聊斋先生就用小说展开想象的翅膀，在聊斋故事中进行了一番情爱生活的精神漫游，创造出千姿百态的穷书生的爱情故事以及驰想天外的情爱乌托邦。《聊斋志异》的故事中几乎总有一种定式，即贫穷的、没能考取功名的书生，或者漂泊异乡、孤单寂寞的书生，他们在荒山野寺夜读时，总会有善良、可爱、美丽的少女飘然而至。这些书生身上，其实都有蒲松龄自己的影子。

《香玉》写在崂山下清宫道观中读书的黄生某日在花间偶遇二少女，题下"无限相思苦"的诗句，回到书斋后，一个香风缭绕的白衣少女突然进来，当晚就在书斋留宿。这个主动登门的少女是牡丹花神香玉。

《绿衣女》写在青州醴泉寺读书的于生某晚高声朗诵，有女子在窗外赞道："于相公勤读哉！"接着走进一个"绿衣长裙、婉妙无比"的少女。书生去解少女的衣服，发现她腰细得两只手就可以掐过来。这个主动登门的绿衣女是小绿蜂精。

---

① 坐馆：旧时指担任塾师或幕僚。——编者注
② 撤帐：指塾师停止授课。——编者注

《连琐》写书生杨于畏在荒凉的书斋深夜秉烛读书,忽然听到窗外有女子吟诗道:"玄夜凄风却倒吹,流萤惹草复沾帏。"女子反复地吟诵这两句,看来是续不出下边的诗句了。于是杨于畏续了两句:"幽情苦绪何人见?翠袖单寒月上时。"然后,一位"瘦怯凝寒,若不胜衣"的美丽少女从外边走进来,女鬼连琐和穷困书生的浪漫爱情故事就这样开始了。

　　《白秋练》写慕蟾宫跟随父亲到洞庭湖经商。他喜欢诗歌,每当他读诗时,船窗外边总有个十五六岁、倾国倾城的美人聆听。有一天,他的父亲外出,一个老太太登门说:"郎君杀吾女矣!"原来爱诗的少女——白鱀豚精为慕生害上了相思病,于是中国美人鱼缠绵悱恻的爱情故事展开了⋯⋯

　　在这几个爱情小说里出现的女主人公,有的是花神,有的是动物成精,也有的是女鬼。书生喜欢美女、美女怜惜有才穷书生是这类故事的基本模式。美丽的少女往往因为男主人公吟诗而出现,她们不嫌弃书生贫穷,和书生志趣相近、情投意合,不向书生提任何要求,无条件地和穷书生相爱,甚至不惜为书生献出自己的生命。

　　对穷书生来说,这是多么美好的爱情幻想。我经常调侃说,在蒲松龄笔下,好事都发生在穷书生的生活里,而穷书生不过是蒲松龄本人的化身。

有的女主人公不仅对男主人公起到精神慰藉的作用，还对他的前途命运提供及时雨般的帮助。

《神女》中写米生受到冤枉，被革除了功名，在路上偶遇的神女得知此事后，立即从头上摘下价值连城的珠花交给他，让他拿去换钱，以此恢复功名。

《凤仙》中写"以游荡自废"的刘赤水娶了狐女凤仙后，凤仙为了促使刘赤水上进，交给他一面镜子后离开。只要刘赤水发愤读书，镜中的凤仙就"盈盈欲笑"；一旦他荒废学业，镜中的凤仙就"惨然若涕"。本不爱读书的刘赤水把镜子当成时刻督促自己的老师，苦读两年，终于考中了举人。

《房文淑》写邓成德家贫且妻子不育，他游学在外，住在破庙中。身份不明的少妇房文淑主动登门，要求以夫妇名义同居，在为他生下一个儿子后，又抱到他家亲手交给他的妻子，还给他妻子留下一些钱。这临时性的"夫妇"关系不仅排解了邓成德的寂寞，还为他带来至为可贵的儿子。房文淑说自己"不能胁肩谄笑，仰大妇眉睫，为人作乳媪"，断然拒绝给邓成德做妾，但她却起到了胜于妻妾的作用。邓成德只需被动接受房文淑的情爱以及给他生的儿子，无须付出任何代价。这篇小说营造了一个多么迎合男性要求的乌托邦!

与之类似的《爱奴》,除讲塾师徐生去一个已经化鬼的大家族"设鬼帐"教鬼读书的情节外,更多的是讲他与东家婢女爱奴相爱的故事。

在著名的聊斋故事《张鸿渐》中,张鸿渐逃难途中遇狐女舜华。舜华主动游说张鸿渐入赘,张鸿渐说自己家中有妻,舜华仍表示不妨碍他们成亲。张鸿渐得新不忘故,对结发之妻和患难伴侣平均分配感情。舜华虽说"妾有褊心,于妾,愿君之不忘;于人,愿君之忘之也",却仍然以实现张鸿渐的心愿为己任,通情达理地帮助张鸿渐回到家乡与妻子团聚,后来又在张鸿渐遭难时给予帮助。狐女不仅成为落魄书生孤寂时的慰藉,还成为后者人生道路上无处不在的救援者。这个"神龙见首不见尾"的狐女舜华也和房文淑一样,既不想要进入男人的家庭,也不提什么物质方面的要求,却时刻无私地帮助这个男人。

《红玉》中的狐女红玉与冯生偷情,被耿直的冯翁臭骂一顿后,不肯"含垢为好",却帮助冯生与美丽的卫氏成婚,并在冯生全家遭遇不幸时担当起育儿、兴家的主妇之责。这个故事主要描写的是黑暗吏治下弱小平民的不幸,但出现在小说开头和结尾的狐女红玉却成了小说篇名,这说明蒲松龄心仪的就是这种对男性无条件忠诚、只付出不索取,既侠肝义胆又柔情似水的女性。这样的女性,在茫茫人海中恐怕无处可寻,所以只能存在于神鬼狐妖的幻想中。所以蒲松龄笔下那些为男人无私奉献的美女,不可能是现实中的女性,她们只存在于作者虚构出来的乌托邦。

优美的爱情故事

蒲松龄为什么能写出许多至今读来仍然优美的爱情故事?那就是在他男性中心主义思想减退,对女性美的观察、描写占主导地位时,就能描绘出鲜活的女性生命意识和动人的爱情。在文学理论上,我们把这种现象称为作家的创作实践战胜了世界观里的落后因素。比如以下几个女性形象就塑造得相当成功。

《绿衣女》中的小绿蜂精,有曼妙的歌声,有"腰细殆不盈掬"的体态,有"莲钩轻点床足"的动作,有"偷生鬼子常畏人"的自我表白,变回绿蜂后"徐登砚池""走作'谢'字"的情态,朦胧的意境,欲说还休的莫名恐惧,浓郁优雅的文化气息,这种意在言外的美感扑面而来。我记得多年前参加中国作协全国委员会某次会议时,曾获得过茅盾文学奖的作家凌力就对我说过,《聊斋志异》中她最喜欢只有六百多字的《绿衣女》，将女性心态写得太好了。

《婴宁》中"婴宁"这个名字，实际上是从"撄宁"这个词来的。蒲松龄借用《庄子》中的《大宗师》一篇给他的聊斋狐女命名，《大宗师》中的原话是："其为物，无不将也，无不迎也；无不毁也，无不成也。其名为撄宁。撄宁也者，撄而后成者也。""撄宁"是道家追求的修养境界，指心神宁静，不受外界事物干扰。大概蒲松龄的本意是宣扬老庄哲学里"撄宁"这种得失不动于心的精神状态。但是今天的读者大概不会从婴宁身上悟出什么道家思想，而是一致公认她是古代文学画廊中最精彩的人物之一。婴宁爱花，她自己就仿佛深山中自由开放的鲜花；婴宁爱笑，无拘无束、无法无天地笑，连结婚拜堂时都笑得不能行礼。她是中国古代文学中笑得最天真、最放肆的一位，一切封建礼教对她都如风吹马耳。婴宁天真烂漫，是人间"真性情"的化身，在《聊斋志异》之前，很少出现这样个性鲜明、灵动活泼的小说形象。而在《婴宁》这个故事里，你根本就看不到什么"贤妻""佳妾""二美共一夫"那些落后的东西。

《翩翩》写人的灵魂净化过程。翩翩是仙女，她有高士品格又充满人情味儿，她所居住的仙人洞中洋溢着温馨的气氛。翩翩救助了穷途潦倒的浮浪子弟罗子浮，用蕉叶为他缝制轻软的锦衣。在另一仙女花城来访时，罗子浮产生邪念，在餐桌下偷捏花城的脚，然后发现身上的锦衣瞬间变成了蕉叶，只有消除杂念后才会复原，这大概是翩翩对他的惩罚。可见仙人洞里是没有"二美共一夫"这种俗套的。

绿衣女、婴宁、翩翩都是在爱情故事的框架中刻画出的精彩人物。《聊斋志异》中还有很多不仅未落入"二美共一夫"模式，而且和人类男性仅限于精神交流的女性角色。比如在《娇娜》中，狐女娇娜和孔生患难相知，但即使后来娇娜的丈夫吴郎去世，她也没跟表姐松娘共侍一夫。她和孔生既非夫妻也非情人，而是成为"腻友"，也就是异性的知心朋友，两人似乎都可以为对方献出生命。在《宦娘》中，鬼女宦娘和书生温如春两情相悦，但宦娘却认为人鬼殊途无法结合，于是在尽力撮合温如春和良工成婚后，表示"如有缘，再世可相聚耳"，并没有和良工共侍一夫。蒲松龄别出心裁地创造出脱离婚姻、远离性爱、纯洁而柔美的男女之间的精神恋爱，有很强的艺术感染力。这些角色的成功诞生，很大程度上是源于蒲松龄放弃了他所热衷的"二美共一夫"模式。

与《绿衣女》等表现纯洁爱情不同，与《娇娜》等表现精神恋爱不同，《恒娘》别出心裁地展示了奇特的"嫡庶争宠"。作者在文中让一个本应高傲地容忍丈夫宠妾的嫡妻朱氏，放下架子和小妾宝带争宠，还向狐女恒娘讨教"媚术"，并以此靠女性魅力甚至性技巧使丈夫回心转意。按传统观点，在封建家庭中地位崇高的嫡妻居然刻意学习眉目传情、嫣然媚笑，成何体统？但正是因为拒绝说教、刻意求新，赤裸裸地发掘出婚恋竞争中女性的真实内心，切入女性心灵中最隐秘的角落，《恒娘》这个篇幅不长的小说才不仅在蒲松龄作品中，而且在中国古代婚恋题材的小说中独树一帜。学术界很多朋友都将这篇小说称为"女人驾驭男人的恶之花"。

1990年，美国首席汉学家、哈佛大学教授韩南派他的博士生蔡九迪到山东大学访学时，后者就特别跟我提到《恒娘》在今天对美国妇女的意义。后来我在中央电视台讲《聊斋志异》时，也提到了这篇小说。

事实证明，只要蒲松龄不再充当宣讲"三纲五常"的封建卫道士，着眼于复杂的社会背景下男女深沉的感情交织，着眼于探求风刀霜剑的世道中傲然挺立的女性性格魅力，着眼于小说艺术出新、出奇，他笔下的爱情故事就往往会很成功，比如：

《阿宝》，以"痴"闻名的书生孙子楚和美丽、聪慧的富家女阿宝，演出了一幕女子和男子相知，男子为女子离魂、化鸟的曲折动人的爱情悲喜剧；

"人鬼恋"故事《公孙九娘》，开头是反清复明斗争中"碧血满地，白骨撑天"，结尾"坟兆万接"，九娘在坟墓间跟爱人莱阳生渐行渐远，一个爱情悲剧背负着朝代更替时百姓的不幸；

《花姑子》和《菱角》两篇，女主角都亭亭玉立，既忠于爱情又聪明过人；

《细侯》《晚霞》《鸦头》三篇，分别写人、鬼、狐的生死恋，人物很有风采，故事简练有趣……

所以，让小说人物受"真性情"的驱使，不做"三从四德"的传声筒，不做令人作呕的封建说教，人物的美才能够充分呈现，小说的艺术水平才能够登上更高的台阶。泰戈尔说过："鸟翼上系上了黄金，这鸟便永不能再在天上翱翔了。"蒲松龄的男性中心主义、"嫡庶有别"、"子嗣至上"、"二美共一夫"等陈词滥调，就好比"世界短篇小说之王"这只鹏鸟翅膀上系了黄金，使他无法飞得更高更远。只有让道德说教的陈词滥调让位于真实的人生与人性，爱情小说才能写得姹紫嫣红、感人肺腑、历久弥新。《聊斋志异》中那些写出了"真性情"的经典爱情小说，都被多次改编成戏曲、影视作品，至今依然经久不衰。

伟大的女性主义者曹雪芹

《三国演义》《水浒传》《聊斋志异》这三部著作中都出现了不同程度的男权话语，明代还有一部作品《金瓶梅》写了众多女性，给中国文学画廊增添了潘金莲、李瓶儿等一系列女性人物，可惜这部作品还是把多数女性（尤其是潘金莲）写成了任男性玩弄、摆布的可怜虫甚至性变态。那么古代男性小说家有没有特别尊重女性的？还真有，"千古文章未尽才"的曹雪芹就是伟大的女性主义者。曹雪芹的朋友敦敏赠诗说他"野鹤在鸡群"，可以说他在众多男性作家中就是鹤立鸡群。

《红楼梦》甲戌本开头的那篇《凡例》是谁写的？红学家争论了两百多年，而我认为《凡例》就是曹雪芹写的。二十多年前，我在《红楼梦学刊》发表过一篇论文《论甲戌本〈凡例〉为曹雪芹所作》，里面就详细讨论了这个问题。这篇文章曾被中国人民大学复印资料转载。我现在把曹雪芹认定为伟大的女性主义者，《凡例》特别能佐证我的这个论点。

第一，《凡例》声明，"此书只是着意于闺中，故叙闺中之事切，略涉于外事者则简"，这说明曹雪芹写《红楼梦》的重点就是写女性，写"闺中"故事。贾府极盛时期是由四个女性唱主角的，这四个女性对应四个事件。第一个事件是秦可卿之死，浩大的出殡场面写尽国公府的熏天气势。第二个事件是王熙凤协理宁国府，在和男性的对比下，淋漓尽致地显示出女性的才能，"金紫万千谁治国，裙钗一二可齐家"。高官厚禄的男子哪个能拿出治国良策？深闺女子却以雷霆手段管理家族，显示过人才能。第三个事件是贾元春归省，贵族之家鲜花着锦、烈火烹油，贾元春还开创了大观园的第一个诗歌节。第四个事件是史太君两宴大观园，贾母和刘姥姥两个老妇人唱主角。贾府由盛转衰，王熙凤大闹宁国府和抄检大观园是标志性事件。在《三国演义》《水浒传》《金瓶梅》里，都不可能有这类女性挑大梁的大场面、大手笔。大观园是红楼儿女主要的活动场所，大观园诗社更是众才女集体亮相的舞台，成为最有诗情画意也最女性化的场景。《红楼梦》曾用书名《金陵十二钗》，所以《红楼梦》的天空是属于女性的天空。

第二，《凡例》中说："自云：今风尘碌碌，一事无成，忽念及当日所有之女子，一一细推了去，觉其行止见识皆出于我之上，何堂堂之须眉诚不若彼一干裙钗？"又说："然闺阁中本自历历有人，万不可因我不肖，则一并使其泯灭也。"再次明确说明，《红楼梦》就是要写行止见识高于"堂堂须眉"的"裙钗"。

《红楼梦》表现"裙钗"是把女性视为与男性旗鼓相当，甚至高于男性的群体来写的。贾府这个最应该讲究"男尊女卑"的地方，却出现男性受制、屈从女性的特殊现象："老祖宗"贾母在贾府至高无上、说一不二，贾政气势汹汹地殴打贾宝玉，看到母亲发怒，不得不跪倒在地说"从此以后再不打他了"。继承一等将军官爵的大老爷贾赦，想要丫鬟鸳鸯做小老婆，最后硬是没要来。贾琏是荣国府管家，但贾芸找他要活儿干没要来，于是转而去求王熙凤，因为冷子兴演说荣国府时已经说过，贾琏因为夫人"倒退了一射之地"。大观园诗会的冠军不是林黛玉就是薛宝钗，贾宝玉经常落第，联句他也抢不过史湘云、薛宝琴，结果被李纨罚去妙玉那儿赔着笑脸乞红梅。在"三言二拍"小说以及传统戏曲里，哪个贵族公子对尼姑不是居高临下，想怎么戏弄就怎么戏弄？而贾宝玉见妙玉倒有点儿像下级见上级，诚惶诚恐，接到妙玉送来的生日贺帖，他还受宠若惊。

《红楼梦》写"裙钗"写得既完美又完整，无论老、中、青还是上、中、下，可以说是面面俱到，写一个活一个。林黛玉檐下的鹦鹉都会念《葬花吟》，而《葬花吟》是林黛玉的人格声明。薛宝钗的《柳絮词》显示出"咏絮才"，她参与贾府管家又能"小惠全大体"。小姐探春理家施行新政，侍妾平儿与人为善，处理家务长袖善舞。侍妾香菱梦中得佳句，成为"速成"诗人。丫鬟晴雯撕扇、补裘,小姐史湘云醉卧芍药裀,都成了《红楼梦》中经典又美妙的"行为艺术"。像一道闪电掠过《红楼梦》天空的尤三姐,提出过她的择偶主张:"但终身大事,一生至一死,非同儿戏。我如今改过守分,只要我拣一个素日可心如意的人方跟他去。若凭你们拣择,虽是富比石崇,才过子建,貌比潘安的,我心里进不去,也白过了一世。"这是市井女子尤三姐的爱情宣言。她追求婚姻自由,不听父母之命、媒妁之言。这种思想意识超过了《红楼梦》之前几乎所有戏曲、小说中的人物。

第三,《凡例》明确写出,《红楼梦》是以"红袖啼痕"和"情痴抱恨"为主线,也就是以贾宝玉和林黛玉的爱情故事为中心的。宝黛爱情,不是一见钟情,不是见色起意,而是在共同理想和爱好基础上的知音之恋,"红袖啼痕"指的是绛珠仙草转生为林黛玉来到人世间,向前生身为神瑛侍者的贾宝玉回报甘露浇灌之恩,她会为思念、担忧贾宝玉泪尽而亡;"情痴抱恨"指贾宝玉最终悬崖撒手,出家为僧,因为失去了至爱的知音。

这样的构思体现在《凡例》那首著名的诗上:

浮生着甚苦奔忙,盛席华筵终散场。
悲喜千般同幻渺,古今一梦尽荒唐。

谩言红袖啼痕重,更有情痴抱恨长。

字字看来皆是血,十年辛苦不寻常。

    胡适先生就主张《凡例》是曹雪芹所作,因此他将"字字看来皆是血,十年辛苦不寻常"一句题在甲戌本《脂砚斋重评石头记》的扉页上。我一直想不通,《凡例》中的这首诗,简直就是曹雪芹的自白诗,为什么一些聪明的红学家还要把《凡例》归到其他人头上?

    而曹雪芹作为伟大的女性主义者最大的贡献,是他塑造了一个难得的女性主义者的典型形象——贾宝玉。

难得的女性主义者贾宝玉

    《红楼梦》中的贾宝玉,不是三国式的壮烈的英雄,不是水浒式的痛快的好汉,不是西游式的快活单纯的神仙,更不是聊斋式的充满人生热望和失望、爱欲满身或利欲熏心的芸芸众生。他是中国古代小说中从来没出现过的人物,鲁迅先生评价贾宝玉"爱博而心劳",我认为和警幻仙子说贾宝玉"意淫"意思相近。脂砚斋解释,"按宝玉一生心性,只不过是'体贴'二字,故曰'意淫'"。宝玉体贴的是谁？自然是女性。由此看来，"意淫""爱博而心劳"都是尊重女性、同情女性、爱护女性、亲近女性的体现。贾宝玉体贴的女性范围很广，像绿竹迎风一样高洁的林黛玉，像《康熙字典》一样博学的薛宝钗，像魏晋文人一样洒脱的史湘云，还有众多丫鬟、戏子，乃至出家人妙玉，甚至还有乡下老妇刘姥姥。贾宝玉曾劝妙玉把价值不菲的成窑五彩盅送给刘姥姥，说"他卖了也可以度日"。贾宝玉不乐意和为官做宰、峨冠博带的男人交往，喜欢跟女儿交往，甚至愿意亲手给丫鬟制作化妆品。他总是因为对女性的博爱而操劳、忙碌、牵肠挂肚。贾宝玉这个"千古情痴"，开拓了"儿女深情"的新境界，超越了男女爱情。他这种以情待人特别是待女性的特征，具有浓郁的人道主义色彩。

贾宝玉"女尊男卑"的观念在"男尊女卑"的社会中显得难能可贵，所以，他的父母都不理解他。王夫人一见林黛玉就向她介绍，自己的儿子贾宝玉是个"混世魔王"，让林黛玉"以后不要睬他"。贾政从贾宝玉抓周时抓了脂粉钗环，就断定儿子是"酒色之徒"，一心想把贾宝玉引到读书做官的"正路"上，让贾宝玉跟贾雨村这样的贪官污吏交往，学习仕途经济、官场学问。贾政听说贾宝玉和蒋玉菡、金钏儿的事后，立刻采用毒打的方式进行"亲子教育"，如果他知道儿子那套"女儿经"理论，大概得直接拿绳子把儿子勒死了。

　　贾宝玉的"女儿经"是什么内容？封建社会以男性为中心，但贾宝玉偏偏说："女儿是水作的骨肉，男人是泥作的骨肉。我见了女儿，我便清爽；见了男子，便觉浊臭逼人。"贾宝玉崇拜"人为万物之灵"，相信"山川日月之精秀，只钟于女儿"，只有灵秀少女才有理想的人性。他还天才地创造出一个理论，认为女儿本是无价宝珠，只要嫁了浊臭的男人，就会逐渐从宝珠变成鱼眼睛了。贾宝玉还特别同情、爱护身份不高的女性。平儿无端受到凤姐、贾琏打骂后，宝玉请她到怡红院来，说："好姐姐，别伤心，我替他们两个赔不是罢。"他照料平儿换衣服、梳洗打扮，因为有机会为平儿提供了一些帮助而感觉欣慰："忽又思及贾琏惟知淫乐悦己，并不知作养脂粉。又思平儿并无父母兄弟姊妹，独自一人，供应贾琏夫妇二人。贾琏之俗，凤姐之威，他竟能周全妥贴，今儿还遭荼毒，想来此人薄命，比黛玉犹甚。"香菱跟几个女孩儿斗草把裙子弄脏了，贾宝玉细心地叫她站住别动，回去找袭人拿一条一样的裙子来给她换上。他在路上暗想："可惜这么一个人，没父母，连自己本姓都忘了，被人拐出来，偏又卖与了这个霸王。"然后"因又想起上日平儿也是意外想不到的，今日更是意外之意外的事了"。贾宝玉对平儿、香菱的关心和照顾，都是出于对弱者的同情，出于对身处悲惨境地的女性的关怀、怜惜，没有一丝一毫的杂念。

贾宝玉的女性主义观念是怎么来的？是天生就有的吗？当然不是，这是他受到身边女性尤其是婢女影响的结果：贾宝玉自幼在姊妹丛中长大，他不仅受到林黛玉、史湘云、元春、迎春、探春、惜春等小姐的影响，更重要的是受到晴雯、鸳鸯、金钏儿等丫鬟的影响，晴雯在他的眼中，是"第一等的人"。贾宝玉从芳官那里知道藕官烧纸钱的原因后，被假戏真做的感情感动，又惊又喜，说："天既生这样人，又何用我这须眉浊物玷辱世界。"

贾宝玉女性主义者的特点，从小说开头一直贯穿到前八十回接近结束的地方。贾宝玉梦游太虚幻境，他喝的茶、饮的酒，都是暗寓整个女性不幸命运的"千红一窟（哭）""万艳同杯（悲）"，他看到晴雯的判词写的是"霁月难逢，彩云易散"，形容晴雯就像难得遇见的雨后明月、容易消失的美丽彩虹。判词中还说晴雯"风流灵巧招人怨。寿夭多因毁谤生，多情公子空牵念"。晴雯不仅模样标致、心灵手巧，而且个性张扬、光明磊落、正直坦率。结果却招人忌恨，遭人暗算，葬送了年轻的生命。前八十回接近结束时，贾宝玉给晴雯写下了《芙蓉女儿诔》，他这样形容晴雯："其为质则金玉不足喻其贵，其为性则冰雪不足喻其洁，其为神则星日不足喻其精，其为貌则花月不足喻其色。"大致的意思是：你的品质，黄金美玉不足以比喻你的高贵；你的心地，莹白冰雪不足以比喻你的纯洁；你的神志，明星太阳不足以比喻你的光华；你的容貌，鲜花明月不足以比喻你的娇妍。晴雯这个身份低微的丫鬟，成了贾宝玉心目中美丽、纯洁、正直的女神。从这篇诔文中可以看出，贾宝玉认为晴雯和著名的士大夫贾谊一样，是受小人忌妒和陷害蒙冤而死的。贾宝玉诔晴雯，也就是和钟鸣鼎食的荣国府决裂。贾宝玉是"远师楚人"，也就是学习屈原的创作风格来写《芙蓉女儿诔》的，可以说，《芙蓉女儿诔》发扬的是屈原精神。所以，贾宝玉的女性主义观念，是与他对封建礼教的叛逆思想不可分割的重要组成部分。

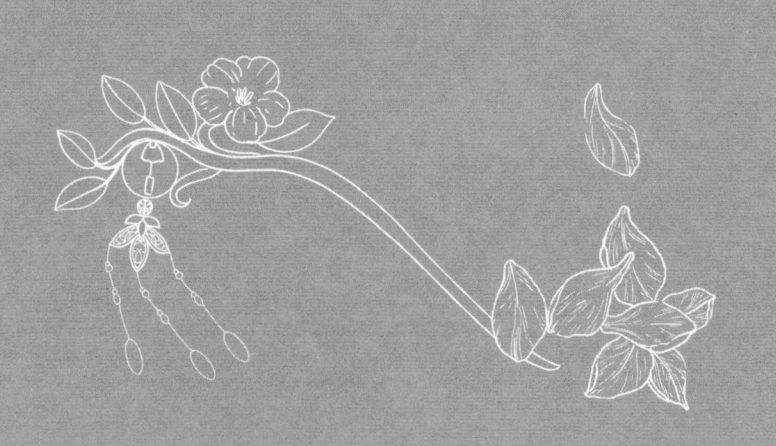

第三章

古代女性的外貌与品格

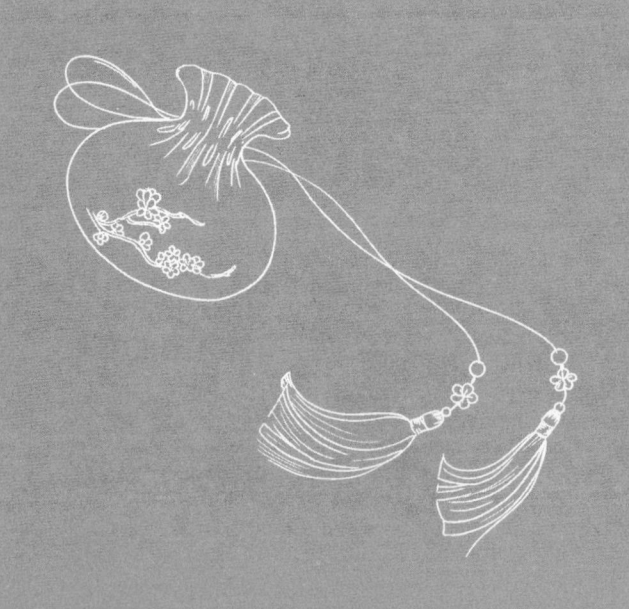

美人如花化仇怨

人们习惯性地认为,男性英雄都是有力量的,楚霸王"力拔山兮气盖世",鲁智深"倒拔垂杨柳",武松"景阳冈打虎"……其实我们仔细想想,美女同样有力量,甚至可能更有力量。有人也许会怀疑,美女弱不禁风,哪儿来的力量?她们有的不是拔山扛鼎的莽力,而是迷人的魔力。《世说新语》中有一个故事可以证明。

《世说新语》是什么书?它是南朝刘义庆组织编写的志人小说集。刘义庆是南朝宋武帝刘裕的侄子,封临川王,他还有本志怪小说集《幽明录》,在志怪小说史上地位很高。《世说新语》在中国文学史上占有重要的地位,它开创了笔记小说的先河,很多内容后来被罗贯中直接引用在《三国演义》中。《世说新语》写的是晋朝特别是东晋的奇闻逸事。虽然是小说，却一直被视为重要的历史资料。

《世说新语》"贤媛第十九"中讲了李势妹的故事。李势妹，顾名思义就是李势的妹妹。李势又是什么人？他是东晋时南方一个小国的末代君王。这个小国叫成汉，总共存在了四十四年左右，被东晋将领桓温带兵剿灭。桓温是东晋的大司马，他俘虏了李势，顺手牵羊地把李势的妹妹抢回建康，就是现在的南京。但他不敢把李势妹带回家，因为他家中有个彪悍、善妒的妻子。桓温在朝廷上威风八面，被尊称为"大将军"，回到家里，他的妻子既不叫他"将军"，也不叫他"夫君"，而是叫他"老奴"。为什么他的妻子敢于这样称呼他？因为他的妻子是当朝南康长公主司马兴男。

公主发现桓温竟敢和另一个女人纠缠，虽然不敢带回家，但偷偷藏在外边，她非常恼火。她带了几十个人，拿着刀去往李势妹藏身之处，打算把李势妹杀掉。公主闯进门后，一眼看到李势妹，却愣在那里了。

公主进屋的时候，李势妹正在梳头，长长的头发一直垂到地上，肤色像玉一样洁白，美丽极了。李势妹看到公主带着一大帮杀手气势汹汹地前来，表现得异常淡定，她不动声色地把头发梳好，整理一下衣服，走上前对公主恭恭敬敬地行礼，从容不迫地说："我国破家亡，并不想到您家做妾。今天如果能被您杀死，倒也是我的心愿。"

按《世说新语》原文的记载，公主听后"惭而退"，羞愧地走了。而刘孝标为《世说新语》作注时，引用了一段虞通之《妒记》中的记载，说公主听后丢下手中的刀，上前抱住李势妹说："阿子，我见汝亦怜，何况老奴。"后来还将李势妹接回家好好款待了。从此，"我见亦怜"或"我见犹怜"这个说法就流传下来，用来形容女人对另一个女人的欣赏。

李势妹美丽可爱，其实彪悍的公主司马兴男也很可爱。爱美之心，人皆有之，但是能欣赏情敌的美，而且因为她的美丽容忍丈夫背叛自己、金屋藏娇，进而接纳美人进家，还真需要相当的肚量。

我们都说，善妒的人往往眼界不高、心智不成熟，而"妒"字是"女"字旁，似乎表示忌妒这种行为和女人关系比较密切。其实忌妒不是女人的专利，《三国演义》中诸葛亮三气周瑜，周瑜临终时还大叫"既生瑜，何生亮"，可见男人的忌妒远比女人更严重。

女人忌妒表现为两种形式。一种是广义的忌妒，忌妒所有比她漂亮、聪明、地位高、过得好的女人，甚至还会忌妒和她八竿子打不着的女人。《酉阳杂俎》中有个故事叫"妒妇津"，意思是由一个善妒的妇人控制的一片水域。故事讲的是晋朝刘伯玉的妻子段氏忌妒成性，有一天，刘伯玉读书读到《洛神赋》，读得高兴了，对妻子感叹道，如果能娶到像洛神这样的妻子，我这辈子就没有遗憾了。段氏听后生气地说：你怎么能说水神比我好呢？我要是死了，一样能成为水神！她当晚就投河自杀了。从此，她投河的那片水域变成了"妒妇津"，女人要想从那儿经过，必须提前把自己的衣饰、外表弄得很丑，水上才不会起风浪；而如果是外表丑陋的女人经过，就不会遇到危险。一个女人从阳间忌妒到阴间，化鬼后还在忌妒，也是令人瞠目结舌了。

女人另一种忌妒是狭义的忌妒，专门忌妒情敌。历史上由这种忌妒引发的故事，可谓数不胜数。最有名的是汉高祖刘邦的皇后吕雉迫害戚夫人。刘邦宠爱戚夫人，差点儿以她的儿子刘如意取代吕后的儿子刘盈做太子，吕后于是对戚夫人恨之入骨。刘邦去世后，吕后很快就杀掉了刘如意，然后先将戚夫人囚禁于永巷，后来又对她进行了一番折磨，将她弄成"人彘"，丢进地下室里。戚夫人就这样被迫害致死。

但是吕后再善妒，也不敢当面反抗汉高祖刘邦，而唐朝有位夫人后来居上。宰相房玄龄家有妒妻卢氏，别人三妻四妾，他只有一个夫人。有一次，唐太宗赐给房玄龄两名美女，房玄龄回家后果然被卢氏斥责。唐太宗听说后，将卢氏请到宫中，要求她要么同意让房玄龄纳妾，要么喝毒酒自杀。卢氏二话不说，拿起"毒酒"就喝下去了。她喝完后发现并没有死，原来这是唐太宗搞的恶作剧，给她的"毒酒"其实是醋。这就是"吃醋"的来历。

其实，女人对同性的忌妒并不是中国独有的现象，而是个"国际难题"。法国国王路易十四有句名言："要使两个女人和好，不如使整个欧洲和好来得容易。"

可是，李势妹的美丽，就熄灭了公主的愤怒，消除了公主原本的醋意。美的力量，真是不可抗拒。它能征服男人，也能征服女人；能征服喜欢美女的人，也能征服讨厌美女的人。

美女的标准

为什么人们对美女的话题百说不厌？因为"美人和江山"的取舍一直是个深刻的社会问题。有关美女的讨论不是世俗甚至庸俗的话题，而是传统文化中的一个研究课题。

那么，美女有没有标准？中国和外国的标准相同还是不同？

中国和外国对美女的标准有时候好像不同。我记得1986年在哈尔滨国际《红楼梦》研讨会上，纽约大学历史学教授唐德刚说，如果拿西方的审美标准衡量《红楼梦》，"十二金钗"没有一个符合西方对美女的要求。西方人讲究用三围数据衡量女性身材，美女的标准是胸围三十二英寸①，腰围二十二英寸，臀围三十六英寸。拿这个标准来衡量《红楼梦》中的女性，林黛玉肯定不够，晴雯也不够，薛宝钗可能都不够，大概只有傻大姐够。我当时反驳唐教授说，傻大姐更不可能够，傻大姐傻吃闷睡、干粗活儿，她的腰一定像水桶一样，哪可能有玛丽莲·梦露那样的水蛇腰？我们这番"论争"把来自五湖四海的中外红学家都逗乐了。中国最美的小说《红楼梦》里美女成群，但是拿西方的观点衡量，可能一个美人都没有，这岂不成了笑话？

西方对美女的要求是什么？是"黄金分割"，要求身体各部位符合一定的比例：头部、颈部、肩部、胸部、手臂、手、腰、腹、臀、腿、脚，都有严格的数据范围，不符合比例不能算美女。

---

① 英寸：英制长度单位，1英寸约合2.54厘米。——编者注

其实，西方"黄金分割"的标准和中国古代衡量美女的标准是相似的。中国古代对美女形体的要求是"美钧"，"钧"通"均"，意思是和谐匀称、恰到好处。

西方美女中哪一位可以拿出来作为看得见的标准？那可能就是维纳斯，西方公认的美神了。

我们熟悉的"维纳斯"这个名字，实际上是她在罗马神话中的名字，她在希腊神话中被称为"阿芙洛狄忒"。在希腊神话中，她是从大海的泡沫中诞生的。古希腊诗人赫西奥德创作的史诗《神谱》——叙写了每个神的来历、亲缘、世系、外表、性格、分管职责等。《神谱》中这样描写阿芙洛狄忒的诞生：大地女神盖亚和天空之神乌拉诺斯有很多子女，包括十二泰坦神、三个独眼巨人和三个百臂巨人。乌拉诺斯担心儿子太强势会推翻自己的统治，于是把孩子们都藏在地下。泰坦神中最年轻的克洛诺斯想要反抗父亲的统治，他在母亲的帮助下准备了一把镰刀，找机会割下了父亲的男根，并扔进大海。男根落入海中泛起泡沫，泡沫中诞生了一位绝美少女，她来到塞浦路斯，成了美丽可爱的美神。因为她是在浪花中诞生，因此被命名为"阿芙洛狄忒"，意思是"在浪花中诞生的女神"。

维纳斯是美神，我们要想知道西方美女的标准是什么，看看那些以维纳斯为题材的画作和雕像就行了,其中最著名的就是大理石雕像《米洛斯岛的维纳斯》。

按照西方标准,玛丽莲·梦露似乎是"标准三围"的代表。她1962年参加美国总统肯尼迪的四十五岁生日宴会,高歌一曲,祝亲爱的总统生日快乐。她穿着一件肉色长裙,把美人鱼般的魔鬼身材表现出来。电视直播轰动了美国。玛丽莲·梦露在那个年代是"性感"的化身,据说她为求"蜂腰"效果而做手术切掉了两根肋骨。

西方审美标准中,要求美女的面部也符合"黄金分割":额头、颧骨、下巴、眼睛、鼻子、嘴巴,有严格的数字比例。"埃及艳后"克娄巴特拉七世,被不少学者认为美貌绝伦。古罗马著名统帅恺撒和安东尼先后拜倒在她的石榴裙下。克娄巴特拉的美丽决定了古埃及、古罗马的历史走向。曾有人说过,要是克娄巴特拉的鼻子长得短一些的话,整个世界的面貌将会改观。那么克娄巴特拉的鼻子到底是什么样的?考古学家挖掘出的罗马帝国时期的钱币上有她的侧面像,可以看出她的鼻子挺拔,嘴唇轮廓很美。

除了"黄金分割"这些量化的要求,面容姣好是西方对美女更重要的要求。文艺复兴时期艺术巨匠达·芬奇的名作《蒙娜丽莎》中的那位女性,就是西方文化中经典的美女形象,她神秘的微笑迷倒了全世界。有人这样形容她的微笑：三分柔情、七分迷离；远看觉得她在笑，近看又觉得她没笑；她的笑容是温柔、舒畅的，多少带点儿忧伤，还有点儿类似于嘲弄谁的神情。

几个世纪以来全世界的画家、心理学家、科学家，甚至医生，都对蒙娜丽莎的神秘微笑进行过研究、分析和推测。他们的研究成果千奇百怪，有些甚至让人感觉匪夷所思。

有位美国博士认为，蒙娜丽莎根本就没笑，她之所以做出那种近似于微笑的奇怪表情，只是因为她想掩饰自己没有门牙。

有位法国脑外科专家认为，蒙娜丽莎并不是微笑，而是因为她刚刚中风了，半边脸肌肉松弛，又因为她的脸略微侧过去一些，才显得像在微笑。

有位英国医生坚定地相信蒙娜丽莎怀孕了，她的脸上露出满意的表情，皮肤鲜嫩，两只手交叉放在腹部，整个形象就是一个幸福的孕妇。

对蒙娜丽莎的微笑更为神奇的研究成果是荷兰阿姆斯特丹大学用"情感识别软件"分析出来的。该软件通过分析蒙娜丽莎的面部表情特征，如嘴唇的弯曲度、眼部的皱纹等，评估人们常有的六种情绪在她的脸上占什么比例。这六种情绪是喜悦、悲伤、恐惧、愤怒、惊讶和厌恶。该软件把这六种情绪占的比例准确地计算出来,结果是:蒙娜丽莎的表情中包含83%的高兴、9%的厌恶、6%的恐惧、2%的愤怒……

照我看来,蒙娜丽莎也算不上什么绝世美人,对她的美进行分析根本就不必用什么英国博士、美国医生或者荷兰情感分析软件,拿我们中国三千年前的《诗经》中两句,就可以把蒙娜丽莎的微笑分析得足够透彻了,这两句就是"巧笑倩兮,美目盼兮",形容美人的脸上巧笑嫣然,美丽的眼睛秋波流转。

被误读的"沉鱼落雁,闭月羞花"

西方衡量美女的标准是"黄金分割",中国古代对美女的最高标准是什么?是大自然对美女做出的反应,浓缩成八个字或者说四个典故就是"沉鱼落雁,闭月羞花"。

"沉鱼落雁,闭月羞花"不是具体写美女如何美,而是写大自然对美女的反应,是一种拟人化描写。大自然中的鱼、鸟、月亮、花,本来不可能有人的感情,但是在古代文人的想象中,它们见到美女会产生羞愧之感,鱼儿羞愧地沉入水底,大雁羞愧地从天上掉下来,月亮羞愧地躲进云里,花朵羞愧地闭合起来。

我在这里要澄清一种广泛的误读。曾经有很多专家学者都表

示,"沉鱼、落雁、闭月、羞花"四个典故分别来自中国古代的"四大美女":

"沉鱼"来自西施。传说西施在水边浣纱的时候,水中鱼儿惊叹她的美丽,羞愧地沉到水底。

"落雁"来自王昭君。传说昭君出塞时,天上的大雁看到她的美丽,羞愧地从天上掉下来。

"闭月"来自貂蝉。传说貂蝉在月下祈祷,月亮看到她的美丽,偷偷地藏到云彩后。还有种说法是,月中的嫦娥看到月下的貂蝉,觉得自己不如她美,就把月宫的大门关起来了。

"羞花"来自杨贵妃。传说唐玄宗和杨玉环在御花园赏花时,花朵看到杨贵妃后,觉得自己不如她美,羞愧地闭合起来。

这种说法很流行,但其实是错的。

"沉鱼落雁,闭月羞花"是写女性美的经典语句,也可以看成是中国古代对女性美的最高评价。要知道这句话的来源,必须找到最早的源头。就像长江和黄河,要找到它们的发源地,得一直往上游走,找到唐古拉山脉和巴颜喀拉山脉,这才分别是长江、黄河的发源地,而不能说半路上哪条河是它们的发源地。而把"沉鱼、落雁、闭月、羞花"分别说来自西施、王昭君、貂蝉、杨玉环,就好像把金沙江说成是长江的源头,把渭河说成是黄河的源头一样。

那么,"沉鱼落雁,闭月羞花"的典故是从哪儿来的呢?最早用"沉鱼落雁,闭月羞花"形容美人的是三位文学大师——庄子、曹植和李白。

这四个典故和"四大美女"有没有关系呢?有一个典故和西施有关,其他典故和"四大美女"一点儿关系也没有。

具体说来,"沉鱼落雁"的典故是庄子创造的。《庄子·齐物论》记载:"毛嫱丽姬①,人之所美也;鱼见之深入,鸟见之高飞,麋鹿见之决骤……"意思是毛嫱和骊姬是人们公认的美女,水中的鱼儿看到她俩,自愧不如,潜到深水躲起来;天上的鸟儿看到她俩,自愧不如,远远飞走;地上的麋鹿看到她俩,自愧不如,赶快跑得远远的。毛嫱、骊姬都是春秋前期的著名美女。骊姬生活的年代相对清晰,她生活在春秋早期,公元前七世纪,是晋献公宠爱的美人。而毛嫱的年代较为模糊,清代郭庆藩在《庄子集释》中说毛嫱是"古美人,一云越王美姬也"。按一般习惯,古人提及真实历史人物时,总是把时代早的放前边,时代晚的放后边。庄子把毛嫱放在骊姬前边,就说明毛嫱应该比骊姬的年代更早。所以,

---

① 丽姬:现代研究中多作"骊姬"。——编者注

庄子创造的"鱼见之深入,鸟见之高飞",也就是后来的"沉鱼落雁"的说法,更有可能是用来形容春秋早期、公元前七世纪的美女毛嫱、骊姬的,而不大可能是用来形容春秋末期、公元前五世纪的西施的,更不可能是用来形容庄子去世后二百多年才出生的王昭君了。

"闭月"的典故是曹植创造的。曹植《洛神赋》写美丽的洛神出现时,"仿佛兮若轻云之蔽月",形容洛神的身姿时隐时现,好像轻云遮蔽了月亮的光辉。可见"闭月"一说早在三国时期就已出现,而貂蝉最早出现在元代末期的《三国志平话》中,是一个虚构的文学形象。所以,"闭月"的典故是曹孟德那个才高八斗的儿子曹植创造的,比貂蝉的出现早了一千多年。

"羞花"的说法是大诗人李白创造的。李白的诗《西施》①中有这样四句:"西施越溪女,出自苎萝山。秀色掩今古,荷花羞玉颜。"意思是说,西施是越国的美女,她是从苎萝山出来的,她的美丽穿越古今,连荷花都因为她的美丽而感到羞愧。按照李白的观念,吴国灭亡,西施是有责任的,所以后边还有这样的句子:"勾践徵绝艳,扬蛾入吴关。……一破夫差国,千秋竟不还。"李白也

---

① 《西施》:此诗又名《咏苎萝山》。——编者注

写过杨贵妃的美丽,他在《清平调》中描写唐玄宗带杨贵妃到御花园赏花的场景,"名花倾国两相欢",用牡丹花和杨贵妃类比,说明人和花一样美。但是写西施"羞花",似乎想要说明人比花更美。或许在李白看来,西施的美比杨贵妃更胜一筹。

有人说,第一个用鲜花形容美人的是天才,第二个是庸才,第三个就是蠢材了。传说苏东坡曾给欧阳修念他的朋友文与可①的诗句,"美人却扇坐,羞落庭下花"。在古代婚礼上,新妇用扇子把脸挡起来,拜堂后移掉扇子,称为"却扇"。此句描写一位美人移开扇子露出美丽的容颜,庭院里原本盛开的鲜花都因羞愧而凋落。苏东坡认为这两句诗写得很好,但欧阳修一看就说,这两句并不是文与可创造的,他只不过是拾人牙慧而已。

后来《新五代史》中用"花见羞"称呼一位美女。从此以后,小说、戏曲中就出现了无数的"花见羞""百花羞",一直到《西游记》中还有。

最早把"沉鱼落雁,闭月羞花"连到一起用的,是元代南戏《宦门子弟错立身》,形容一位妇人"有沉鱼落雁之容,闭月羞花

---

① 文与可:文同(1018—1079),字与可,自号笑笑居士、笑笑先生,北宋著名画家、诗人。——编者注

之貌"。也就是从这部戏曲开始,"鱼见之深入,鸟见之高飞"变成了"沉鱼落雁"。而"沉鱼落雁,闭月羞花"也从此成为古代文人的口头禅了。

中国古代美女的典范描写

曹植的《洛神赋》不仅创造了"闭月"的典故,而且常被视为描绘中国古代美女的典范之作。曹植写洛神的身影"翩若惊鸿,婉若游龙。荣曜秋菊,华茂春松"。洛神好像受惊后起飞的鸿雁,好像婉转游动的蛟龙,好像秋天繁盛的菊花,好像春天丰茂的嫩松。四个分句都是比喻,并没有进行具体的描写。接着写看到洛神时的感受,"远而望之,皎若太阳升朝霞;迫而察之,灼若芙蕖出渌波"。远看洛神好像太阳刚刚升起,带来一片彩霞;近看洛神好像美丽的芙蓉花在清澈的水波上迎风摇摆。这些仍然是比喻,没有具体描写。然后,曹植才写洛神到底是什么样子,"秾纤得衷,修短合度。肩若削成,腰如约素。延颈秀项,皓质呈露"。"秾纤得衷"是说洛神不胖不瘦,既不太丰腴,也不瘦弱;"修短合度"是说她不高不矮;"肩若削成"是说她的肩膀灵巧秀美;"腰如约素"字面意思是说她的腰像一束紧紧捆起来的白色绸缎,引申意思是说她有着杨柳细腰;"延颈秀项"是说她的脖子线条优美、圆润、细腻;"皓质呈露"是说她的皮肤白嫩。简单说来,就是洛神不高不矮,不胖不瘦,削肩细腰,肤色如玉,长得美丽又匀称。这样的美人一出来,"仿佛兮若轻云之蔽月",月亮的光彩被她遮住了。

多年以来,很多学者都探讨过,洛神有原型吗?她暗指的是哪位美人?有人说,曹植写的是他的梦中情人、他的嫂子甄氏。我觉得这个说法不可靠,曹操攻克邺城,曹丕趁乱纳甄氏的时候,甄氏二十二岁,曹丕十八岁,曹植十三岁。不管甄氏是怎样的国色天香,一个十三岁的男孩儿,敢于公开宣布自己爱上了哥哥的妻妾吗?我表示怀疑。多年前我曾到曹植墓所在地山东省聊城市东阿县实地考察,听到当地有这样的说法:曹丕去世之后,曹植做了东阿王,他住在鱼山上,每天晚上有位美丽的渔姑来陪伴他,《洛神赋》写的就是这个渔姑。也有人说,那位渔姑是天上的仙女,为了安慰不得志的才子才下凡的。

曹植的《洛神赋》其实受到了战国时期宋玉的《登徒子好色赋》的影响。《登徒子好色赋》写了一个大美人,宋玉是这样写的:"增之一分则太长,减之一分则太短;着粉则太白,施朱则太赤;眉如翠羽,肌如白雪;腰如束素,齿如含贝;嫣然一笑,惑阳城,迷下蔡。"美人的身材恰到好处,加一分就太高了,减一分就太矮了；皮肤的颜色恰到好处，擦粉就太白了，涂胭脂就太红了；眉毛像翠鸟的羽毛一样美丽而有光泽，皮肤像白雪；杨柳细腰，牙齿像贝壳一样洁白整齐；她的笑容可以让几座城的人都为她倾倒。

《登徒子好色赋》和《洛神赋》对美人的描绘，与"沉鱼落雁，闭月羞花"的典故合到一起，中国古代美女的标准就珠联璧合了。

中国古代衡量美男的具体标准好像不如美女的这样详细。古代文人也喜欢用比喻的方法对美男进行描绘，如"岩岩若孤松之独立""傀俄若玉山之将崩"。美男站立时，像一棵傲立山岩的松树；美男醉倒时，好像玉山倾倒。古人也喜欢写他人对美男的感受，东晋文学家潘岳（潘安）是美男子，他年轻时走在外面，女人见到他都会手拉手把他围起来；他坐车出行时，老妇人把各种水果抛到他的车上，这就是"掷果盈车"的典故。

既然大自然中的鱼、鸟、月亮、花都被美女吸引住了，那么"沉鱼落雁，闭月羞花"的美女，能像美男潘安那样引起众人围观吗？戏曲大师王实甫的《西厢记》写崔莺莺在普救寺中被张君瑞等人围观的情节，就把这种场面写得像画一样生动。

崔莺莺走到佛殿前，先遇到了来寺院烧香的张君瑞。佛殿相逢，张君瑞一看到崔莺莺，马上唱了一段："颠不刺的见了万千，似这般可喜娘的庞儿罕曾见。则着人眼花撩乱口难言，魂灵儿飞在半天。"

美女使青年书生魂不守舍倒是可以理解，最不可思议的是，崔莺莺还害得做佛事的高僧傻了眼："大师年纪老，法座上也凝眺；举名的班首真呆僚，觑着法聪头作金磬敲。"德高望重、老态龙钟的方丈大师，目不转睛地看着崔莺莺；唱佛号的方丈助手看崔莺莺看呆了，竟然把坐在前边的僧人法聪的脑袋当成金磬敲了起来。

一场庄严的佛门圣事就这样被美女搅黄了，"老的小的，村的俏的，没颠没倒，胜似闹元宵"。不管是老和尚还是小和尚，不管是打扮土气的还是打扮漂亮的，都忘了自己要干什么了，只顾围观美女，好像元宵观灯一样热闹。

一些本应"六根清净"的佛门子弟，见了美女这样忘情、痴迷，我们还需要问崔莺莺三围多少，五官和身材符不符合"黄金分割"吗？一概不用了。王实甫通过写俗人和僧人对美女的感受，把美女的千般袅娜、万种风情，写得活灵活现，这才真是"沉鱼落雁鸟惊喧，羞花闭月花愁颤"。

春秋天然美人

中国古代美女能够"沉鱼落雁，闭月羞花"，而美人有多种类型,古人说"佳人不同体,美人不同面",就是指美女的风格各不相同。"大家闺秀"和"小家碧玉"是按家庭出身给美女分类,按体态分类则是"环肥燕瘦"。"环"是唐玄宗的贵妃杨玉环,"燕"是汉成帝的皇后赵飞燕。"环肥燕瘦"是说杨玉环丰满,赵飞燕苗条。"环肥"不是肥胖臃肿,而是丰腴性感、雍容华丽;"燕瘦"也不是骨瘦如柴,而是身材柔细、体态轻盈。环肥燕瘦,体态不同而各擅其美。而且这两位美女都是杰出的舞蹈家,杨玉环会跳《霓裳羽衣舞》,赵飞燕能做"盘上舞"。据说有一次赵飞燕在御花园中给汉成帝跳舞,一阵大风吹来,赵飞燕看似马上就要被风吹走了,汉成帝连忙让宫人抓住她的裙裾,才使她没有随风而去。

中国春秋时期的美人比较接近杨贵妃,属于"美而艳"的风格,所谓"艳"有丰满、高大的意思。《诗经》中的《硕人》一篇写了一个大家公认的美人,"硕人"就是高大、丰满的美人,不是小巧玲珑的美人,更不是现在T台上又高又瘦的骨感模特儿。

那么,"硕人"是谁?她长得什么样?"硕人"叫庄姜,是齐国公主,齐庄公正妻生的女儿,齐国太子的亲妹妹。她嫁到了卫国,成为卫庄公的夫人。

卫国民众早就听说庄姜是大美人,也早就知道齐国有钱有势。

现在,齐国公主嫁到卫国,齐国送亲会是什么排场?齐国公主到底有多美?听说齐国送亲车队来了,卫国的男女老少蜂拥而至,把齐国的送亲队伍围得水泄不通。

齐国的送亲车队停到卫国都城的近郊。庄姜乘坐的车子非常华丽,非常讲究。车子由四匹雄壮的公马拉着,马嚼子上装饰着红绸,车围上装饰着雉鸡羽毛。卫国民众一看,顿时感觉齐国很富有。再看庄姜车子周围随嫁的男女,一个个都身量高大,相貌不凡。卫国民众看到他们后可能会想,齐国连陪嫁的侍女、侍卫都这么好看,公主该是什么样?

等到庄姜从送亲车里出来,诗中形容她的身形是"硕人其颀""硕人敖敖",意思都是个子很高,身材修长。"衣锦褧①衣",是说她穿着华丽的锦衣,外面披着一件披风。最受关注的当然还是庄姜的外貌,卫国民众当然也少不了对她进行一番品头论足。他们看到的庄姜是什么样呢?《硕人》里是这样写的:

手如柔荑,肤如凝脂。领如蝤蛴,齿如瓠犀。螓首

---

① 褧(jiǒng):指妇女出嫁时穿在外面抵御风尘的麻布罩衣,即披风。
——编者注

蛾眉，巧笑倩兮，美目盼兮。

《诗经》是四言诗，语言非常精练。我们一句句地看一下，这首诗是怎样把美人的方方面面描绘一番，把一个绝代佳人生动地刻画出来的：

"手如柔荑"是说她的手指柔软，像茅草的嫩芽。

"肤如凝脂"是说她的皮肤细嫩白皙，像凝固的脂肪。

"领如蝤蛴"是说她的脖子修长，而且圆润柔美。"领"是脖子，"蝤蛴"是天牛的幼虫，白色长条状，有种柔腻的质感。

"齿如瓠犀"是说她的牙齿像瓠瓜子那样整齐排列。"瓠"是葫芦，"犀"是葫芦子。卫国民众怎么还能看到庄姜的牙齿？因为庄姜朝他们笑了。

"螓首蛾眉"是说她饱满、宽阔的额头上，有长而弯的眉毛。"螓"是古书上记载的一种较小的蝉，头形方方正正，"蛾眉"是说眉毛像蛾类的触角又长又弯。

"巧笑倩兮，美目盼兮"是说庄姜巧笑嫣然，美丽的眼睛秋波流转。

余冠英先生曾将这首诗译为现代汉语，描写外貌的一段是这样的：

> 她的手指像茅草的嫩芽,
> 皮肤像凝冻的脂膏。
> 嫩白的颈子像蝤蛴一条,
> 她的牙齿像瓠瓜的子儿。
> 方正的前额弯弯的眉毛,
> 轻巧的笑流动在嘴角,
> 那眼儿黑白分明多么美好。

欧洲文艺复兴时期,意大利诗人阿里奥斯托写了一首诗《热恋的罗兰》,他写的美女和"硕人"有些相似,对美人的脸部描写似乎没有《硕人》那么细致,但他把美人的全身都写到了:"她的喉部像牛奶,脖子雪白,秀美而圆浑,胸部宽而丰盈,双乳的起伏,一如微风吹动的海浪。……修美的胳臂,手白得像象牙雕成,十指纤纤,手掌不管怎样翻转,看不见一丝青筋、一根骨头。婀娜而仪态万方的身子下面是一双圆浑的秀足。"

似乎中国春秋时期对美人的要求就是健壮、高大。美人不能太瘦,也不能太矮。庄姜个子就很高,身材也很丰满。

像"硕人"这样的美人,高大健壮,天生丽质,没有修饰,素面朝天,很健美。那个时代为什么要求女人健美?一方面,当时的人们出于生存的考虑，需要和大自然斗争，想方设法取得食物，不管男人还是女人，都必须有力气。另一方面，就是出于古代的"生殖崇拜"思想，健壮的女人是传宗接代所需要的。

随着时代发展，中国古代对女人的审美也一步一步发生变化，甚至有逐渐向病态化发展的趋势。

涂脂抹粉战国女

春秋时期崇尚天然的美女、健硕的美女。到了战国后期，对美女的要求就有变化了。《楚辞》中写的女神、山鬼、湘妃，就已经很苗条了，甚至有点儿瘦弱。《大招》中写的美人是"小腰秀颈"，说明腰和脖子都细，不再是"硕人"了。而且美人注意化妆，"娥眉曼只"说明描眉了，"稚朱颜只"说明抹胭脂了，"粉白黛黑"说明搽脸的白粉、描眉的青黛都用上了。

随着男性中心主义制度的建立，女性的地位越来越低。中国古代没有职业女性，女人为了生计，一切都要遵从男人的意志。男人要求女人通过修饰把美的地方突出出来，把不够美的地方掩盖起来。男人要求女人涂脂抹粉、梳妆打扮、佩戴首饰，女人都不得不遵从。女人的修饰越来越多，越来越烦琐，女人就越来越趋向于玩偶化、"弱不禁风"化。唐代颜师古的《南部烟花录》①中写隋炀帝谈到他宠爱的美人绛仙时说:"古人言秀色若可餐,如绛仙真可疗饥矣!""疗饥"就是当饭吃的意思。在隋炀帝眼里,他宠爱的美人已经小巧玲珑到像一盘精致的菜一样了。

中国古代美女的精雕细刻工程,从头到脚,有各种各样的办法。我们只从头发和眉毛这两处就能一窥究竟。

先看头发。三千多年前,周文王的嫔妃在发髻上插珠翠翘花,发髻很高,称为"凤髻",还有类似的发髻称为"云髻",发髻上插金钗,金钗末端有长长的垂珠,随着走路摇曳,称为"步摇"。在战国时期特别是楚国,女人的发髻尽可能地朝高耸的趋势发展,这种高髻直到唐代还在流行。白居易的《长恨歌》中写杨贵妃"云鬓花颜金步摇",高高的发髻上插着金钗,金钗上垂下名贵的珍珠,随着她的步伐轻轻摇曳着。

秦始皇既是暴君也是风流天子,他对美女着装的要求达到细致甚至烦琐的程度。秦始皇要求他的嫔妃必须穿着"裙衬裙",就是里边穿上白绢织的裙子,外边罩五色花罗裙,一直拖到地上。

---

① 《南部烟花录》:又名《大业拾遗记》或《隋遗录》,有说法称作者不详,旧题"颜师古撰",实为伪托。——编者注

但是"裙衬裙"还不是秦始皇首创的,是周文王时期出现的。秦始皇好神仙之术,常要求嫔妃梳"神仙髻",但这种发髻到底什么样,后世文人貌似一直没有考证出来。秦始皇还要求他的嫔妃在额头上贴"五色花子",就是彩色的花钿,类似现在京剧中旦角贴在脸上的那种。南北朝民歌《木兰诗》中讲述花木兰替父从军,凯旋回家后恢复女装,心情愉悦地"对镜帖花黄",贴的就是花钿。后世的帝王和达官贵人都效仿秦朝时尚,让自己家的美人贴各种各样的花钿,有的还让美人在鬓角边贴一层薄薄的金箔,叫"飞黄鬓",当然得是有钱人家才贴得起。

曹丕的皇后甄氏,关于她的美有很多传说。有一个传说是,甄氏的发髻一天一个样,每日不同,不是她自己或丫鬟会梳头,而是宫里有一条灵蛇,每天来到她面前给她盘一个花样,她就仿照这个花样做一个发型,称为"灵蛇髻",后来人们也用"灵蛇髻"来形容类似的发型。甄氏到底创造过多少种发髻?历史上没有确切的记载。

据传,中国历史上的著名"花花公子"隋炀帝要求嫔妃早晚不能梳同样的发式。经过隋炀帝的一番折腾,到了唐代,妇人发式层出不穷。杨贵妃似乎认为自己的头发不够用,喜欢佩戴假发做成的"义髻",变幻各种各样的发式,再配上黄裙子,显得雍容华贵。

再看眉毛。美丽的眉毛对女性的外貌起到相当重要的作用，中国古代女性眉毛的造型千变万化，各个朝代都不相同。五代时女性的眉毛有很多种画法，传到宋代还有至少十种以上的画法。苏东坡在诗中写过画眉方法："君不见成都画手开十眉，横云却月争新奇。""横云""却月"分别是眉毛的两种不同画法，还有其他画法，比如"小山眉""五岳眉""三峰眉""垂珠眉""拂云眉"等。古代类书中记载女子眉毛的词条有百余条，如"愁眉""啼眉""绿眉""桂叶眉"等。这些眉毛到底什么形状？现在只能凭想象去推测了。

雄才大略的汉武帝要求他的嫔妃画"八字眉"。汉武帝时期的宫中有人专门负责发放画眉材料螺子黛。有人解释用螺子黛画眉的方法，需要先把原本的眉毛拔掉或剃掉，再用这种材料将眉毛画成想要的样子。这种画眉方法的好处是可以经常变换式样，比现在的文眉更为灵活随意。

汉初著名才女卓文君容貌姣好，"眉色如望远山，脸际常若芙蓉"。她的"远山眉"不是画出来的，而是天生的。这种眉形一度引起当时很多女性效仿，她们将自己的眉毛剃掉，画成"远山眉"，有的一直画到鬓角。

大奸雄曹操喜欢美女，也擅长装扮美女。他要求身边的侍妾、歌姬画"青黛眉""连头眉",而且要画成眉心相连的效果,被人称为"仙蛾妆"。后来"蛾眉"成了对女性眉毛的通称,有时还用来代指女性。《长恨歌》中形容安史之乱中杨贵妃的悲惨结局,即云"宛转蛾眉马前死",这里的"蛾眉"就指杨贵妃。

画眉成为古代女性重要的美容手段,不仅女性重视,而且男性也会重视。汉朝京都尹张敞每天上朝之前都要亲自给妻子画眉。他的政敌想整他,就向皇帝举报,说张敞竟然每天早上亲自给妻子画眉,有失威仪。皇帝问到张敞,张敞回答非常巧妙:"臣闻闺房之内,夫妇之私,有过于画眉者。"皇帝一时语塞,也就没有责备他。

有时,女人画了什么样的眉毛,可以反映出她的心情和个性。据记载,东汉权臣梁冀之妻孙寿因为丈夫总在外边不回来,她就画了"愁眉",可以形成发愁一样的表情。后来,这种"愁眉"就被曹雪芹用到林黛玉身上了。

林黛玉的眉毛和眼睛是什么样的?现存脂评《石头记》有九种文本,如:"两湾半蹙鹅眉,一对多情杏眼"(庚辰本);"眉湾似蹙而非蹙,目彩欲动而仍留"(舒序本);"两湾似蹙非蹙胃烟眉,一双似笑非笑含露目"(己卯本);"两湾似蹙非蹙笼烟眉,一双似喜非喜含情目"(甲戌本)。在这些版本里,红学界公认的最佳描写是列宁格勒藏本①，简称"列藏本"："两湾似蹙非蹙罥烟眉，一双似泣非泣含露目。"仅林黛玉的眉毛，就能找到两个经典的出处。"蹙眉"来自《庄子·天运》中的"西施病心而颦其里"，西施因病而眉尖若蹙，她这样的眉毛是天然形成的，后来孙寿画的"愁眉"，或许就是在效仿西施。"罥烟眉"来自《西京杂记》中写卓文君的"眉色如望远山"。林黛玉的两弯眉毛，跟古代两位大名鼎鼎的美女挂上了钩。而林黛玉的"罥烟眉"，只有和"似泣非泣含露目"相结合，跟整个人的气度、神韵、文化修养相结合时，才具有超凡脱俗的美。

眉毛仅是面目的一部分。李商隐曾在诗中说："倾国宜通体，谁来独赏眉。"于是，美女为"倾国"，还要在"通体"上做文章。

中国古代还没有化妆品厂家时，女人已经自力更生，用鲜花制作化妆品。比如商纣王时，妲己就曾把花瓣捣碎，挤出汁液，制成膏，往脸上抹，往嘴唇上涂；把金凤仙花瓣捣碎了，用来染手指甲。后来有人写了这样两句诗："夜捣守宫金凤蕊，十尖尽染红鸦觜。"古代女人还乐意往身上熏香，最有名的是赵飞燕。赵飞燕在肚脐上放麝香吸引汉成帝，得到了汉成帝的宠爱。后来，她还把这个秘密

---

① 列宁格勒藏本：1991年后又称圣彼得堡藏本。——编者注

告诉了妹妹赵合德。结果,赵飞燕、赵合德姐妹俩都得了不孕症。

精雕细刻的美女工程

从战国开始,随着男人对女人不断升级的修饰要求,给女人带来越来越多的伤害。战国时期,楚国是出美人的地方,也是特别要求女人修饰的地方。这里出现过三件事:

第一件,"楚王好细腰,宫中皆饿死"①。楚王喜欢腰特别细的女人,宫女为了争取楚王的宠爱,你也不吃饭,我也不吃饭,结果饿死不少宫女。最可怜的是,有的宫女连楚王的面还没见上,就先见阎王了。

第二件,"楚王好高髻,宫中皆一尺"。楚王喜欢女人把发髻

---

① 此句是否表示楚王对女性的偏好,似乎存在不同解释。李渔在《闲情偶寄》中称:"'楚王好细腰,宫中皆饿死;楚王好高髻,宫中皆一尺;楚王好大袖,宫中皆全帛。'细腰非不可爱,高髻大袖非不美观,然至饿死,则人而鬼矣。"说明都是对女性的偏好。但《墨子》中记载:"昔者楚灵王好士细要(腰),故灵王之臣皆以一饭为节,胁息然后带,扶墙然后起。比期年,朝有黧黑之色。"说明"细腰"是楚王对男性臣子的偏好。另《后汉书》与《资治通鉴》中都提到"吴王好剑客,百姓多创瘢;楚王好细腰,宫中多饿死",未指明是男性还是女性。本书此处沿用《闲情偶寄》中的说法。
——编者注

梳得高高的，宫女就展开发型比赛，你梳三寸高，我就梳五寸高，最后，发髻高达一尺①。人的脸，即使是"容长脸"，也不过二十多厘米，发髻和人脸差不多长，想想看，美吗？我看一点儿也不美，倒活像阎罗殿里戴着高帽的黑白无常。

第三件，"楚王好大袖，宫中皆全帛"。楚王喜欢女人穿宽袖子的服装，宫女又展开袖子比赛，越做越宽，干脆整匹绸子连剪都不剪，直接做成袖子。这能好看吗？我觉得一点儿不好看。不仅如此，行动起来也很不方便。

杨柳细腰不是不美，高耸发髻不是不美，宽袍大袖不是不美，但是过于执着地追求恐怕就会出问题。为了求细腰，宁可饿死，直接就做了鬼；头发梳得像戴高帽，袖子宽得像风筝，不仅不美，还人不人鬼不鬼的。

楚国出的这三件事，在中国的文化史、美容史上很有代表性，对女人来说非常残酷，现在看来则既可笑又可怜。但是当时的女人就得这样做，因为男人需要。

中国古代女性搞了一个个精雕细刻的"美女工程"，其中最大的"工程"就是缠足，也是对女性身体和精神造成最大残害的

---

① 一尺：战国时期楚国的一尺约合今天的23.1到23.3厘米。——编者注

"工程"。晚清民国时期,外国人认为中国最落后的两件事,一是男人的辫子,二是女人的小脚。女人缠足是从什么时候开始的?这个问题有很多争论,甚至有人追溯到春秋战国时期,但比较普遍的看法是从五代时期南唐后主李煜为女人缠足开始的。

李煜是"婉约词皇帝",他创作了许多脍炙人口的名句,如"问君能有几多愁?恰似一江春水向东流"等。俗话说"男怕入错行,女怕嫁错郎"。李煜就属于"入错行"了。他是天才词人、天才画家,甚至是天才建筑学家,却"不幸"做了皇帝,而且成了亡国之君。这个人,不管他在文学史上占据怎样重要的地位,他在历史上都是一个罪人。他的罪责还不只是导致南唐灭亡,他还开创了女人缠足之风,成了近千年来千千万万中国女性的灾星。

李煜做皇帝的时候,生活奢靡无度。他讲究情调,玩出很多有文化气息的新花样。他的宫廷装饰得金碧辉煌,墙上挂着金线刺绣的红罗幕布,连钉幕布的钉子都是白银和玳瑁做的。每逢寿辰,要用上百匹红、白丝罗将宫中布置成月宫、天河的样子。在春季花开时,他用隔筒①为容器,插上各种各样的时新鲜花,置于

---

① 隔筒:中国古代用竹木制成的一种插花容器,常分为多层,源于五代时期。——编者注

梁栋、窗户、墙壁、台阶各处,将布置后的房间称为"锦洞天",先后领着他的大周后、小周后,在其中享乐游玩。李煜的宫廷里有很多景致,大的建筑、小的盆景都是他亲自设计的,非常精美,宫廷中还经常进行舞台演出。他亲自设计了一个高六尺的舞台,让能工巧匠雕成莲花形状,用黄金装饰,然后让他喜爱的宫嫔窅娘在莲花舞台上跳舞。他还让窅娘用布帛把脚紧紧缠住,形成像新月一样弯曲的形状。他看着窅娘的小脚在莲花舞台上旋转,无比陶醉,后世有人写诗描述这一场景为"莲中花更好,云里月常新",还有人写了这样一首诗:"金陵佳丽不虚传,浦浦荷花水上仙。未会与民同乐意,却于宫里看金莲。""宫里看金莲"就说明缠足是从南唐的宫中传到民间的。

李煜发明了缠足,中国妇女就倒了大霉。宋元期间,缠足已蔚然成风。女孩儿从五岁左右开始,就要把一双天然的脚缠成粽子一样,将脚趾全部折断,压到脚底下,成为"三寸金莲"。尽管"三寸"并不是实数,但这个过程一定会缩短脚的长度。女人遭受的痛苦可想而知,但是做母亲的总会教育女儿,必须缠,不缠足就嫁不出去了。

缠足对中国的历史、文化等都产生了非常恶劣的影响,简单地说有三点。第一,很难再出现杰出的女性舞蹈家。考察中国舞蹈史，南唐之后，似乎再也没有知名的女舞蹈家了。杨玉环表演的《霓裳羽衣舞》和公孙大娘表演的《剑器舞》，一概成为绝响。窅娘恐怕不能算是舞蹈家，而只是李煜的玩物罢了。第二，女人的行动能力越来越低，用缠过的脚走路，难受程度可想而知。有人测量过，缠足女人一步最多能跨二十厘米，走路速度非常慢，还要像鸭子一样摆动着胳膊，才能保持平衡。脚的支撑力很弱，不能拿重东西，也不能赶路。女人还能做什么？只能待在家中，更加忠实地围着锅台转。第三，女人进一步沦落为男人的玩物。从宋代开始，"三寸金莲"成了美女不可或缺的标志。在男人看来，女人必须有小脚才能算美女，就算模样再漂亮，有一双"天足"也不行。小脚还成为"性"的载体，成为男人玩弄女人的重要媒介。良家女子的脚绝对不可以露在外边，那是身体绝对的隐私，而青楼女子的"金莲"一定要露出来，吸引男人的注意力。潘金莲和西门庆勾搭成奸，就是从西门庆捏潘金莲的小脚开始的。玩小脚甚至嗅小脚成了一种"文人雅事"，比如清代文人李渔居然就总结出小脚有四十八种"玩法"。我们现在看中国五代之后的诗词、小说、戏曲中，那些男作家津津乐道地写女人"轻移莲步""莲步蹇缓"等，连篇累牍、不厌其烦，真是中国文人的耻辱。

　　中国古代的女人，为了求男人宠爱，爱美、求美、不择手段地塑造美。几千年艰难地走来,走出很多似乎美丽实际深藏血泪的经验。可以说,中国古代精雕细刻的"美女工程",有时候反而成了另一种形式的压迫,甚至是摧残。

虞姬:白天鹅的临终哀歌

在中国历史上,美女常和英雄分不开,甚至可以毫不夸张地说,"英雄美女贯华夏"。为什么这样说?因为:

英雄和美女,是经常关系政权更迭的话题;

英雄和美女,是贯穿整个华夏文化的话题;

英雄和美女,是历朝历代百说不厌的话题。

中国古代最令人同情的英雄和美女是谁?相信大部分人都会跟我一样,想到楚霸王项羽和他宠爱的美人虞姬。俗话说"胜者王侯败者寇",但对楚汉之争,很多人都不喜欢最终取胜却蝇营狗苟的刘邦,而喜欢最终落败却豪迈坦荡的项羽。我觉得,这也可能和他们身边有什么样的女人有关。刘邦身边最有名的女人是吕雉,先不论她的外表漂不漂亮,她给人印象最深的还是阴险狡诈、心狠手辣的性格。楚霸王身边的女人是虞姬,她首先是美人,太史公在《史记》中就直接说"有美人名虞"。虞姬才貌双全,最可贵的是，她深明大义、侠骨柔肠。

楚霸王和虞姬是怎样相识、相爱的？似乎没有史料记载。但这对情人最后离别的场景，两千多年来家喻户晓，根据这段历史创作的京剧《霸王别姬》，更是尽人皆知。

"霸王别姬"的真实历史是司马迁在《史记·项羽本纪》中记录的。公元前202年，项羽和刘邦决战，被困垓下。此时剩下的士兵已经很少，粮草也基本耗尽了。刘邦的军队里三层外三层把项羽团团围住，刘邦此时安排军队唱楚歌，其实是制造假情报迷惑项羽。项羽听到帐外的楚歌声，惊讶道：难道汉军已经攻下楚地了？汉军营里怎么有这么多楚人唱歌？他误以为大势已去，心情很沮丧。夜里，他在帐中跟心爱的美人虞姬喝闷酒，慷慨悲歌："力拔山兮气盖世，时不利兮骓不逝。骓不逝兮可奈何，虞兮虞兮奈若何！"这首歌被后世称为《垓下歌》。项羽在歌中表达的意思是：我本来是能拔山扛鼎的大英雄，可惜时局不利，我的乌骓马都跑不动了。乌骓马跑不动了怎么办？虞姬啊虞姬，你说我能怎么办？

英雄战死沙场，似乎是一件光荣的事，可是，美人不该死在沙场。项羽特别不希望自己的美人落到刘邦手里，心中既感伤又无奈。《史记》写项羽"歌数阕，美人和之"，虞姬也附和着项羽唱了一首。然后，"项王泣数行下，左右皆泣，莫能仰视"，听见虞姬和的歌，大英雄项羽泪流不止，周围的人哭得抬不起头。虞姬和了什么歌，竟然引得大英雄忍不住哭了起来，还引得大家哭成一片？《史记》中没有确切记载。其实，这首歌就是虞姬慷慨赴死的宣言。《楚汉春秋》中记载，虞姬和的歌是这四句："汉兵已略地，四方楚歌声。大王意气尽，贱妾何聊生！"

虞姬和的歌一般被称为《和垓下歌》，歌词也很感人。"汉兵已略地，四方楚歌声"，前两句干脆把项羽担心的事挑明了。她承认楚军打了败仗，现在看来楚地已经都被汉军占领了，大家也都接受了这个现实。"大王意气尽，贱妾何聊生"，后两句的感情更为强烈，表明她自己是为项羽而活，为项羽的英雄事业而活。现在项羽的事业失败，心灰意冷，她自己已经没有什么脸面和必要苟活于人世了。

其实，我觉得虞姬的歌还有另外一层意思，她同时也是在委婉地劝项羽：胜败乃兵家常事，打了败仗也没关系。大王是赫赫有名的大英雄，不应该就此放弃，如能继续抵抗汉军，一定会战胜刘邦。至于我自己，大王不需要担心，我一定不会做刘邦的俘虏，不会让大王丢脸。如果大王接受失败的现实，没有东山再起的打算，我也不会苟活于世。为大王而死，为英雄而死，为我的爱人而死，我也算是死得其所了。

"四面楚歌"这个成语的诞生,与《史记》中的记载和《和垓下歌》的歌词都有一定关系。有文学史家认为,《和垓下歌》的歌词甚至可以算作中国最早的五言诗。看来虞姬这位才貌双全的美女真的很了不起,她竟然在生命的最后关头,创造了中国诗歌的新形式。

虞姬的歌,可以说是白天鹅临终前的哀鸣。她唱完这首歌,就拔剑自刎了。项羽有虞姬这样的"死别",他的一生似乎在很大意义上得到了肯定。

虞姬为什么自刎?我认为有两种可能。第一种可能是,虞姬觉得能和盖世英雄项羽相爱相守,对她来说是莫大的荣幸,使她的一生更有价值。现在项羽万念俱灰、一心求死,她就先走一步,等着和项羽在奈何桥上相会,两人来世再续前缘。第二种可能是,虞姬希望能以此让项羽受到激励,杀回江东,卷土重来。她不愿意成为项羽的拖累,干脆自我了断,让项羽没有后顾之忧。不管是哪种可能,虞姬都是为项羽本人和项羽的事业考虑,是从人格尊严出发的。

人生自古谁无死?虞姬视死如归,死得光明磊落、大义凛然。可以设想,假如虞姬这时不死,落到了刘邦手里,就成了仇敌的玩物,不得不忍受人格的羞辱,而且刘邦死后,她也很可能像戚夫人一样落到吕后手里，遭受非人的折磨，想必更是生不如死了。

虞姬死了，项羽也走上了人生的最后一段路。他杀入汉军，所向披靡。按照冷兵器时代的战况，项羽完全可以逃脱，可他并没有逃。他坚持说"此天之亡我，非战之罪也"。这是什么意思？是说自己陷入这种境况，是上天让自己灭亡，不是因为自己作战的本领不够高。"非战之罪"后来成为怀才不遇者喜欢挂在嘴边的一句话，比如蒲松龄笔下久未中举的叶生也说过这句话。

项羽一个人杀了几百名汉军后，突然看到了吕马童。吕马童原是项羽的部下，后来投奔了刘邦。按一般人的思维方式，项羽看到吕马童，应该至少上去刺他一刀，作为对他背叛自己的惩罚。可是，项羽并没有这么做。他一看到吕马童，马上主动打招呼："若非吾故人乎？"意思是，这不是我的老朋友吗？吕马童似乎有些尴尬，对身旁的汉将王翳说："此项王也。"项羽接着对吕马童说，听说汉王宣布，谁拿到我的头就能赏赐千金，封万户侯，我为你做件好事吧。说完这番话，项羽就拔剑自刎了。项羽宣布把自己的头送给背叛自己的人，是古今中外空前绝后的大幽默。他说得那么轻巧，那么满不在乎，真可谓是一种洒脱、豪迈的英雄本色。

《史记》中写项羽之死这一段，我每次读到都会潸然泪下。司马迁写项羽宁死不过江东，是无颜见江东父老。我总在想，项羽自刎时，潜意识里会不会晃动着虞姬拔剑自刎的身影？或许他想到虞姬正在奈何桥上等着自己，于是他也毅然决然地去了。

项羽和虞姬的悲剧能感动那么多人，就是因为英雄和美女的关系摆正了。英雄是美女的最爱，美女是英雄的知音。两人都堂堂正正、顶天立地。项羽是英雄，虞姬也是英雄，或者说是一名女侠。

涂山氏襄助大禹

中国最早的王朝——夏朝是大禹建立的。"大禹"是尊称，意思是"伟大的禹"。大禹之所以伟大，主要是因为他治理洪水立下了不朽的功劳。相传在尧舜时期，中原地区发生特大洪水，大地上一片汪洋。当时的部落联盟首领舜召开四方部落酋长会议，讨论怎样治水。大家都建议让鲧去治水。鲧是禹的父亲，他采用的治水方法是在崖边设置河堤挡住洪水，尽管在短时间内缓解了中原洪水的泛滥，但是水却越淹越高，他治理了九年，也没有从根本上解决洪水的灾祸。一种传说是鲧盗取了天帝的"息壤"堵塞洪水，失败后，天帝让祝融把鲧在羽山杀了；也有一种传说是舜在巡视时发现鲧治水失败，于是把鲧杀了。然后，舜派鲧的儿子禹继续治水。禹自学成才，勘察高山大川，制定了正确的治水方针。他父亲的失败在于"堵",他就改为"疏",想办法疏导水流。历史上将他的方针称为"疏川导滞,钟水丰物",把洪水引入大江大河,用现成的沼泽和洼地聚积洪水,实际上就是变成水库,等将来天旱时再用。禹治水成功,将水患变为水利,使人民安居乐业。人民拥戴禹,尊称他"大禹",他也就成了舜的继承人。

传说大禹治水之后,把天下分成九州,用九州进贡的金属铸造鼎,鼎于是成了权力的象征。古九州范围很大,为什么叫"州"呢?"州"是水中陆地,当时洪水还没有完全消退,水中露出九块比较大的陆地,所以叫"九州"。禹于是将九块陆地划分为九个行政区进行治理。据历史学家考证,夏朝的疆域主要在现在的河南西部、山西南部和陕西东部,也就是我们常说的中原地区。大禹忙着治水,三十岁还没娶妻。到了涂山后,娶涂山氏为妻。涂山氏名叫"女娇",似乎意味着她是一个娇美的女子。这样,中国历史上第一对著名的英雄美女组合就新鲜出炉了。大禹是夏朝早期了不起的英雄,涂山氏是夏朝早期了不起的美女,两人可谓珠联璧合。

大禹和涂山氏的关系,有这样四个特点:

第一,涂山氏嫁给大禹,在政治上加强了大禹的力量。大禹属夏部落,他娶涂山氏为妻,就和涂山氏部落结成了联盟。后来大禹就在涂山这个地方召开各部落大会,各部落的首领带着玉帛参加大会，历史上叫"涂山之会"。郦道元在《水经注》中说古时的涂山就是三涂山，山上有王母祠。我怀疑祠中供奉的就是涂山女。

第二，涂山氏可能是狐狸精的老祖宗。有些史书说涂山氏是涂山诸侯的女儿，也有史书如《吴越春秋·越王无余外传》中说，涂山氏是涂山九尾白狐的女儿。禹三十岁未娶，走到涂山，听到一首民谣："绥绥白狐，九尾痝痝。我家嘉夷，来宾为王。成家成室，我造彼昌。天人之际，于兹则行。"意思是，可爱的白狐狸精，有九条蓬松的尾巴，娶九尾白狐的人，家国昌盛，能成帝王，这是上天的意愿，赶快执行吧。禹觉得不错，就娶了涂山氏。这样看来，涂山氏就是狐狸精的老祖宗了。《聊斋志异》中的狐狸精就以自己是涂山氏后裔而自豪。著名的聊斋故事《青凤》写狂生耿生闯到狐狸精的宴会上，向狐叟大讲涂山氏嫁给大禹并帮他治水的事，老狐狸精听了很高兴，认为这是他们祖上的功德。

第三，涂山氏聪明多情，对大禹非常忠诚。相传大禹治水的时候，涂山氏到涂山之阳等待大禹归来，等了很长时间，大禹还没来，涂山氏很焦急，就唱了句"候人兮猗"。"候人"就是等人，"兮"和"猗"都是语气助词，"候人兮猗"的意思就是"等人啊，等人啊"。可是，左等右等，大禹也不来，涂山氏很郁闷。后来《吕氏春秋》中认为，涂山氏唱的这四个字"候人兮猗"，可以被视为"南音"的起源，甚至是中国诗歌的起源。按照这个观点，涂山氏就成了中国最早有著作权的"美女诗人"，享有这句"四字诗"的著作权。

第四，涂山氏深明大义，是大禹家中的贤内助，以及事业的有力支撑。涂山氏生了个儿子，起名叫"启"。大禹治水，三次经过家门，明明听到自己的儿子在里边呱呱而泣，硬是"三过家门而不入"，成了千载传诵的佳话。

大禹做了整个部落的首领后，从中原地区向江汉地区扩张，历史上叫"禹征三苗"。据说三苗有各种酷刑，大禹就以三苗残害老百姓为理由，以有道伐无道。征伐三苗的结果，是把夏朝的疆土从中原地区扩大到今天的湖北以及湖南、江西北部一带。

大禹长年累月地在外边治水、征讨，根本没时间和精力管家里的事。大禹如此公而忘私，他的父母怎么办？当然是涂山氏种粮种菜、纺线织布，保证老人吃饱穿暖。大禹这样公而忘私，他的儿子启能自己长大吗？当然是涂山氏辛辛苦苦把儿子拉扯大。大禹如果没有涂山氏这位独立肩负起家庭重担的贤内助，他能"三过家门而不入"吗？他能带领大军征伐三苗吗？如果涂山氏不是深明大义的女人，而是只顾小家不顾大家、专拖丈夫后腿的女人，阻拦大禹去治水，大禹还能成为古圣先贤吗？

其实，有成就的男人背后，常常有个默默奉献、不计个人得失的女人。可惜，有些目光狭隘的男人，甚至包括一些历史学家，却总是"吃了泰山不谢土"，从未考虑过历史上的女人对那些成功男人的奉献。

有些人可能觉得奇怪，在历史书中，对涂山氏的记载似乎不像我强调的这样突出。实际上我对涂山氏的强调，是从历史记载的字里行间做出的分析。《史记》等史书都没有明确记载过涂山氏对大禹起的作用。这也很好理解，因为《史记》是太史公写的，如果是"太史婆"写的，相信书中对涂山氏的记载和颂扬，肯定比我在这里提到的还要多得多。

妇好：殷商了不起的美女英雄

殷商时期曾有一些贤明的君主，他们创造了殷商的基业，也留下了不少勤政爱民、英雄美女相得益彰的故事，其中最出名的就是这三个故事。

第一个故事"汤祷桑林"。

成汤建立商朝不久，天不作美，连续大旱，农田五年都没有收成。成汤决定以自己为牺牲，亲自去桑林祈祷。他斋戒沐浴，剪去头发，枷着双手，跪到祭坛上向天祷告说：如果我有罪，请让我一人承担；如果万民有罪，请让我替万民承担。恳请上天不要因为我不够聪明而伤害人民。他的话刚说完，大雨倾盆而下。老百姓得知后深受感动，认为成汤既是仁慈的帝王，又能和上天沟通。这个故事带有神话色彩，也说明成汤在老百姓心目中很有威望。

第二个故事"武丁求相"。

殷商建立二百多年后，因继承权发生内乱，出现了衰败的景象。武丁上台后，千方百计振兴商朝。有一天，他梦见自己得到一个贤人叫"说"，第二天，他就按梦里贤人的样子观察臣子，感觉都不像那个人。于是他派人到全国各地找，最后在傅岩（今山西省平陆县东）找到一名修路的奴隶，很像他梦里的那个人。武丁跟他一聊，发现这个奴隶很有才能，马上下令解放他，并且任命他为宰相。这个奴隶没有名字，因为武丁梦到他叫"说"，又在傅岩发现，于是他被称为"傅说"。后来，他成了殷商著名的贤相。在他的辅佐下，国家蒸蒸日上，史学家上把这段历史叫"武丁中兴"。

第三个故事"妇好出征"。

妇好是武丁的配偶，是殷商最了不起的女性。我在多年前参观妇好墓时，就有了相当深刻的印象。当时我参加中国作家采风团到河南安阳参观。我们先来到殷墟,看到妇好墓,作家们都大受感动。

我们采风团十几位作家先看到了一座汉白玉美女雕像。这座雕像戎装执钺,又漂亮又高大,这就是"妇好像"。

妇好不仅美貌如花,还是巾帼英雄。南北朝花木兰替父从军被传为佳话,妇好比花木兰早了大约一千六百年。她不需要女扮男装,而是以女将军的身份率军征讨。她深通兵法,纵横千里,所向无敌,平定了周边二十多个方国。商朝统治区域比夏朝大,其中就有妇好的功劳。妇好墓中的随葬品包括众多武器,有曾在千军万马中置对方统帅于死地的飞钩,还有重九公斤的大铜钺。妇好还懂文治,武丁把治国重任托付给她。妇好征敛贡品,检查甲骨,主持祭祀,处理国家大事,每件事都做得井井有条。

妇好去世,武丁把她埋葬在殷王宫旁,随葬青铜器、玉器一千九百多件,分七层埋到墓里。殷墟妇好墓现在仍按发掘原样摆放,墓中出土的玉石人物和动物,还被放大后做成石雕摆放到妇好墓前,墓中的大量珍品在遗址博物馆展览。

妇好墓的青铜鼎非常著名且在考古领域占有重要地位,但我对妇好墓中两件似乎不重要的物品更感兴趣:玉雕阴阳人和铜镜。

玉雕阴阳人用淡灰色玉石雕成,一面男,一面女,裸体站立,梳着角状发髻。考古学者解释雕的是商代巫师，但我认为是童男童女的合体。古代少年梳的发型一般是"总角"，即两个小鬏鬏，这个玉人的发型就是"总角"。男女合一身，体现了比《周易》更早的"阴阳合一"的思维，而且和一个西方传说不谋而合：希腊神话说，人原是球形物体，有两副面孔，四只胳膊，四条迈向不同方向的腿，能力非常强大，这引起了奥林匹斯山上众神的不安，于是宙斯就像切鸡蛋一样，把这个圆球切成两半，人从此分为男性和女性。他们总是迫不及待地想要扑向"另一半"，尘世间的爱情就这样产生了。而玉雕阴阳人把中国人早于西方的阴阳协调的智慧表现得淋漓尽致。

妇好墓中的随葬品还有四面铜镜，是妇好生前梳妆用的。四面铜镜大小不一。可以想象三千多年前这位戎装女将军对镜梳发髻、戴头盔时的场景，前边一面大铜镜，三名侍女站在左、右、后方，拿着另外三面铜镜照出不同侧面。

在殷墟发掘的5号墓里，有几十件青铜器上的铭文纪念妇好，称呼她为"后母辛"。一个女人祭祀用了这么多青铜祭器，在夏、商、周三代是绝无仅有的。这说明妇好生前有非常重要的地位，死后享有非常高的威望。妇好的祭鼎叫"后母辛鼎"，是武丁主持铸造的。而全世界最大的鼎是"后母戊鼎"，学者考证，它属于武丁的另一位配偶妣戊，是由她的儿子祖庚主持铸造的。妣戊到底是什么样的人？是像妇好一样驰骋疆场的将军，还是埋首深宫相夫教子的贤妃？目前没有确切的结论，我相信谜底依然藏在甲骨文里。①

其实，"后母戊"和"后母辛"的意思基本相同："后母辛"的意思是"伟大崇高的母亲辛"，"后母戊"的意思是"伟大崇高的母亲戊"。

古代后宫女子既有妇好和妣戊这样的"伟大崇高的母亲"，也有妺喜②、妲己那样的"红颜祸水"，这两类女性有着完全不同的品格。我们也不妨看看那些被称为"祸水"的女性都有怎样的故事。

---

① 妣戊又被称为妇妌（jìng）。有说法称她也有参与战争的经历，但不像妇好那样频繁，更多的是被派去视察农业生产。——编者注
② 妺（mò）喜：此人名在古籍中有多种写法，也可作"妹喜""末嬉""末喜"。——编者注

第四章 历史上著名的『红颜祸水』

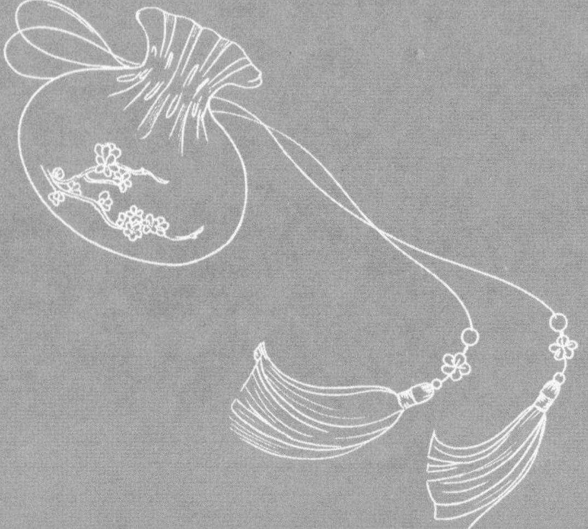

妹喜："红颜祸水"始作俑

如果说，楚霸王和虞姬是最令人同情的英雄美女，涂山氏是最早襄助英雄的美女，那么，哪个美女是最早的"红颜祸水"？那就是夏朝最后一个君主夏桀身边的美女妹喜。

大禹创建了中国最早的王朝——夏朝，从大禹开国到夏朝灭亡，一共十七个君王，延续了四百多年。夏朝传到夏桀手里就灭亡了。夏桀是著名的昏君、暴君，他残暴荒淫、为所欲为。有个成语叫"助桀为虐"，意思是帮助坏人做坏事。帮助夏桀做坏事的人不少，最主要的是他的宠妃——美女妹喜。夏桀和妹喜是中国历史上第一对著名的"荒唐暴君"和"红颜祸水"。

夏桀武功高强，据说能够手擒虎兕。"虎"自然是老虎，"兕"

是犀牛一类的猛兽。夏桀能不用任何武器，徒手擒住虎兕，可见他力大无比、武功高强。可惜这个本来可以做大英雄的家伙自己不思进取，虽有武功却沉溺酒色，荒淫无度。

夏桀最喜欢的美人妹喜是从哪儿来的？是他讨伐有施氏部落后得到的。有施氏部落大概位于今天的山东省滕州市①。夏桀和妹喜这对"暴君/祸水"做过哪些荒唐事？简单地说有这样四件。

第一件，妹喜"好闻裂缯之声而笑"，是说妹喜喜欢听撕绸子的声音。于是夏桀就拿整匹绸子叫宫女撕给妹喜听。当时的生产力非常低下，很多老百姓连粗布衣服都穿不起，他们却拿绸子撕着玩儿，实在令人发指。

第二件，造瑶台、顷宫（也作倾宫）。"瑶台"就是用美玉装饰的台子；"顷宫"就是高耸入云，看上去几乎要倾倒的宫殿。夏桀盖了一座顷宫，就为了和妹喜在宫中大摆宴席，轻歌曼舞，饮酒作乐。夏桀还用顷宫做瞭望台，看四周哪里有美女或者奇珍异宝，就马上派人抢过来。

第三件，造"酒池"。夏桀在他的宫殿旁边挖了一个大池子，

---

① 有施氏部落（有施国）的具体位置似乎一直存在争议，目前有山东省临沂市蒙阴县、山东省滕州市、安徽省合肥市、湖北省恩施市等几种说法。
——编者注

盛满美酒。他选了很多美女放到后宫，又搜罗来一批善于演戏、逗乐的优伶、侏儒和狎徒①，不分日夜地取乐。他命人擂鼓，让几千人同时趴到酒池边喝酒，将这种场面称为"牛饮"。有人喝得大醉，一头栽到酒池里淹死了。妹喜看到后，高兴得哈哈大笑。这就是《列女传·夏桀末喜》中写的："桀既弃礼义，淫于妇人，求美女，积之于后宫，收倡优侏儒狎徒能为奇伟戏者，聚之于旁，造烂漫之乐，日夜与末喜及宫女饮酒，无有休时。……为酒池可以运舟，一鼓而牛饮者三千人，鞭其头而饮之于酒池，醉而溺死者，末喜笑之，以为乐。"夏桀还在深山造了个别宫，找来一群男女聚集在一起寻欢作乐，十几天不出来过问政事。结果上天震怒，刮起大风，沙尘将深谷的别宫埋了起来。这就是《博物志·异闻》中写的："夏桀之时，为长夜宫于深谷之中，男女杂处，十旬不出听政。天乃大风摇沙，一夕填此宫谷。"

第四件，妹喜失宠，做了成汤灭夏的内应。夏桀本来宠爱妹喜，后来他讨伐岷山，岷山人献给他两个美女琬和琰。夏桀有了新欢，就把妹喜丢到脑后了，妹喜很失落。这个时候，位于今天河南商丘地区的商族部落悄悄崛起，商族首领成汤派伊尹到夏朝

---

① 狎徒：指陪主人嬉戏、凑趣的人。——编者注

宫廷任职。伊尹本是奴隶，后来因为能力出众，成了商朝的开国重臣，也是历史上公认的贤臣，连诸葛亮都非常佩服他。但令人意外的是，伊尹为了削弱夏朝，居然还使过"美男计"。他到夏朝宫廷任职时，仔细观察朝中谁能对成汤崛起、灭亡夏朝起作用。经过一番考察，他认定这个人就是妹喜。伊尹想方设法把已失宠的妹喜勾引到手，妹喜就这样成了伊尹的内应，替成汤刺探夏桀的情报。这件事在历史上被称为"妹喜亡夏"。

夏桀兴建顷宫、瑶台、别宫，聚敛了大量民财，消耗了大量民力，累死了上万百姓。在修建的过程中，忠臣关龙逄一次次地向夏桀进谏，试图制止这些工程。夏桀不听，关龙逄就站在堂中不走，史书上记载他"立而不去朝"。夏桀于是下令把关龙逄关押起来，后来干脆用酷刑把关龙逄杀了。

夏桀胡作非为，老百姓恨得咬牙切齿，部族首领纷纷背叛。成汤渐渐强大起来，通过伊尹联络妹喜，起兵伐夏。成汤起兵前召开誓师大会，当众宣读了在后世非常有名的《汤誓》，其中最经典的一句就是："时日曷丧？予及汝皆亡！"由于夏桀曾狂妄地宣称自己的统治能像太阳一样长久，因此这里说出了百姓的心声：你这个"太阳"什么时候灭亡？我们宁愿和你同归于尽！

成汤的队伍攻入夏朝都城①，杀进夏桀的顷宫。夏桀只好逃走，逃了几个地方，最后逃到南巢（今安徽省巢湖市西南），死于该地，夏朝灭亡。成汤把大禹铸造的作为权力象征的九鼎迁到亳（今河南省商丘市一带），殷商建立。这段历史被称为"殷革夏命"。

这个时候妹喜去哪儿了？她跟夏桀一起逃跑了，最后一起死在了南巢。看来，殷商大贤臣伊尹也是过河拆桥，他引诱妹喜做间谍，但到了紧要关头，就不再管妹喜了。

在夏朝灭亡中，起主要作用的是暴君夏桀，起次要作用的是"红颜祸水"妹喜。可能因为年代太久远，妹喜似乎并没有引起后世作家太大的兴趣，我印象里没见过什么以她为题材的文学作品。

英雄爱美女原本无可厚非，但如果本来可以成为英雄的男人没有在爱美女的同时干出一番大事业，而是沉湎女色，导致误了前程，丢了江山，甚至丢了性命，也就称不上英雄了。美女应该协助英雄建功立业，如果拖了英雄后腿甚至祸害英雄，把英雄变成亡国之君，美女就成了"红颜祸水"。

---

① 夏朝都城：夏朝曾建都阳城（今河南省登封市东南）、斟鄩（今河南省巩义市西南）、安邑（今山西省运城市夏县西北禹王城）等地，有说法称夏桀时以斟鄩为都城。——编者注

商纣王英雄成暴君

商朝的亡国之君纣王,两千年来一直被当成坏人恶德的代表。其实纣王本来并非是一个极坏的人,《史记》称"帝纣资辨捷疾,闻见甚敏;材力过人,手格猛兽",意思是说他思维敏捷,既有文才,又能和猛兽搏斗。《帝王世纪》中说纣王曾经一只手抓住九头牛的尾巴,往后一拉,九头牛同时向后退。当时东夷经常进攻殷商,纣王登基之后,用青铜铸造大量兵器,带兵攻克东夷,把殷商的疆土开拓到东南一带,开发了长江流域。可以说纣王早期对国家是有一定贡献的,但他晚节不保,中年以后逐渐变得残暴荒淫。他的残暴在史书中有真实记载,简单说三件事。

第一件事,滥杀无辜。纣王的厨师做熊掌还没做熟,纣王就急着要吃。给他后他又嫌不熟,把厨师杀了。《水经注》中记载,纣王在高台上看到老人过河时因怕冷不敢下水,问旁边的臣子怎么回事,臣子说,这个老人因为岁数大了,骨头里空了一部分,所以怕冷。纣王于是下令把那个过河的老人拉来,当场砍断腿骨,看看他的骨头里到底是不是像臣子说的那样。纣王强娶九侯之女做妾,后来对九侯之女不满意,就把她杀了,还把九侯也剁成肉酱。后来的周文王姬昌在当时还是一名诸侯,他因为受人诬陷而被纣王囚禁。他的儿子伯邑考来探望他,纣王又杀了伯邑考,做成肉羹给他吃。

第二件事,穷奢极欲。纣王宠爱妲己,不问政事。他为了讨好妲己,大兴土木,动用上万奴隶建鹿台,建离宫别院,用美玉装饰宫殿,种上奇花异草,收集珍禽异兽养在宫中。他让乐师创作柔靡颓废的乐曲,让人听了萎靡不振。《史记》中称这种乐曲为"靡靡之乐",也就是现在所谓的"靡靡之音",在后世记载中还被称为"淫声""亡国之音"。纣王让一群男女脱光衣服配着"靡靡之乐"跳舞,他看得很开心。他造"酒池肉林",男男女女裸着身子在其中追逐嬉戏。他的这些恶行在《史记·殷本纪》中有记载:"于是使师涓作新淫声,北里之舞,靡靡之乐。……益收狗马奇物,充仞宫室。益广沙丘苑台,多取野兽蜚鸟置其中。慢于鬼神。大聚乐戏于沙丘,以酒为池,县(悬)肉为林,使男女裸相逐其间,为长夜之饮。"

1999年在河南省安阳市西北郊,也就是商朝晚期的都城殷墟遗址,考古学家发现了庞大的人工石砌水池遗迹。长一百三十米,宽二十米,深一点五米,四壁用石块砌成,池底内凹,与城外护城河相通。考古学家考证,这是商代帝王池苑,可能就是纣王的酒池。

第三件事，滥用酷刑。纣王用酷刑对待反抗他的老百姓和向他进谏的大臣。他的酷刑五花八门，从往脸上刻字，到割鼻子、割膝盖、割生殖器等，再到大卸八块，甚至还有活生生把人剖腹，现场挖出心肝内脏，或者把人做成肉酱等。他不仅挖普通人的心，还挖亲叔叔的心。"比干剖心"就是纣王制造出来的著名的血腥事件。

孔子曾说"殷有三仁焉"，意思是商朝有三个贤德仁义的人。这三个人就是比干、箕子和微子。比干和箕子是纣王的亲叔叔，微子是纣王同父同母的亲哥哥。微子是其母做妃子时生的，纣王是其母被扶正后生的，所以哥哥是臣子，弟弟是帝王。① 这三个人中比干是少师，箕子是太师，微子是子爵，他们全力以赴辅佐纣王。他们觉得纣王的倒行逆施已经危害了商朝江山，便先后劝说他：你现在乱政败德、沉湎酒色，贵族和官僚奸邪无度，平民纷纷起义，商朝已经迈入无涯大水，行将灭顶。你再这样横征暴敛、与民为敌，我们离灾难降临就不远了。商朝如果灭亡了，我们可以去做别人的奴隶，或者逃到别处，保持家族的宗庙祭祀，

---

① 也有说法称微子与纣王不同母，微子之母地位较低，因此微子未被立为太子。——编者注

你却不行。哪有前朝帝王做后朝帝王奴隶的道理？你只有死路一条。

纣王不听，打算先"杀鸡给猴看"，于是用"炮烙之刑"惩罚了一些敢于向他进谏的臣子，意图吓唬一下这三个不看脸色的亲族。"炮烙"这种酷刑一般认为就是由纣王发明的，行刑方法是先给铜柱上抹一层油脂，下边点起炭火，将铜柱烧得滚烫，然后用铁链将"罪人"拴在烧红的铜柱上，"罪人"为躲避炭火会被迫往上爬，但又因铜柱上的油脂太滑而无法爬到高处，最后总会掉进炭火中烧成焦炭。

"三贤"中比干最尽职尽责，而且受到纣王威胁后并未退缩。他三番五次对纣王进谏，纣王把他抓进监狱，放出来以后他还继续进谏。纣王喜欢和美女喝酒、欣赏歌舞，比干就一个劲儿地阻拦他享乐，声称这样做有使国家灭亡的危险。纣王恼羞成怒，说：我听说圣人的心有七窍，叔叔你不是个圣人吗？我把你的心挖出来看看，到底是不是有七窍。于是纣王就剖出了比干的心。"比干剖心"并不是小说家言，而是司马迁写到《史记》里的："（比干）乃强谏纣。纣怒曰：'吾闻圣人心有七窍。'剖比干，观其心。"

箕子本来对纣王这个侄子特别上心。有一次，他发现纣王用了象牙筷子，就劝纣王说：你用了象牙筷子，就不想用普通的陶碗了，就会想用犀牛角和玉做的碗；用了象箸玉碗，就不想吃普通饭菜了，就会想吃山珍海味；吃了山珍海味，就不想住普通的房子了，就会想住高楼大厦。这样你就越来越奢靡，越来越劳民伤财。后人认为这是"见小曰明"，也就是今天说的"见微知著"。纣王自然也没有理会箕子的劝告。后来箕子看到比干的悲惨遭遇，担心自己也会面临这种结局，只好装疯逃避迫害，这就是史书上说的"箕子佯狂"。后来商朝灭亡，周武王来拜访箕子，箕子交出一篇高水平的政论文《洪范》，论述治国的九种大法。周武王采纳了他的意见，建立周朝的秩序，结果天下大定。前朝大臣的智慧成了后朝的治国方略，很有讽刺意味。后来，箕子再过殷墟，看到昔日繁华的宫殿都成废墟，亡国之痛油然而生，吟了首《麦秀歌》："麦秀渐渐兮，禾黍油油。彼狡童兮，不与我好兮。"意思是说，沃野千里，麦浪滚滚，这样的大好河山，却被纣王那个顽劣的家伙断送了，他不听我的话啊。

微子也不像比干那样执着，纣王残暴固执，他就离开朝廷，躲回自己的封地不出来了。商朝灭亡后，微子先给周武王献上祭祀祖先的礼器，然后光着上身，将双手绑在背后，左边的随从牵着羊，右边的随从攥着茅草，屈膝而行，向周武王投降。周武王让人解开绑绳，恢复了微子之前的地位。

有历史学家表示,纣王的昏庸残暴在世界史上都不多见,并称他为"东方的尼禄"。尼禄是古罗马著名暴君。他于公元54年登基,公元68年自杀。罗马历史学家对他的形容是:好色、蛮横、贪婪、残忍。

尼禄喜欢演唱,他或许本该是公元一世纪的帕瓦罗蒂,唱起歌来声震屋瓦。他跑到希腊演唱,受到希腊当地人的欢迎,他于是下令给予希腊行省自由权,不用上缴赋税。罗马元老院不喜欢皇帝兼任歌唱家,但尼禄依然乐此不疲。他组织起五千人的喝彩团,给自己的演唱叫好。他在御花园建造了一个露天剧场,让罗马市民来听他唱歌,下令在自己唱歌时必须关上出口,谁也不许提前退场,必须听完才能出去。于是有的人只好装死,以便被人抬出去;有个临产的妇女不得不在剧场中生下了孩子。公元64年,罗马城曾经发生了一场严重的火灾,烧毁了大片房屋,烧死了几千人。市民们都说是尼禄唆使人放的火。尼禄为了平息舆论,一口咬定是基督徒干的,把所谓的嫌疑人抓来,让猛兽咬死。然后,他在火灾后的废墟上大兴土木建造宫殿"黄金屋"。这座宫殿的大厅高耸入云,里边还摆着他本人的雕像,高三十多米。他还把宫殿墙面涂成金色,用宝石装饰,宴会厅还有一个可以旋转的天花板。宫殿外挖了一个非常大的人工湖,引进温泉水,长流不尽。宫殿造成后，他说："我终于可以像个人一样活着了。"

尼禄喜欢大吃大喝，他的宴会经常从中午一直开到半夜，有时他吃到中途会去人工湖里洗个澡，回来继续吃。他在罗马竞技场开宴会，叫全罗马城的妓女和舞女都来陪着，有时一次宴会能花掉四百万塞斯特提乌斯①，而他认为这不过是小菜一碟。他外出旅游时要动用一千辆华丽的马车列队护送，拉车的骡子蹄子上都钉着银掌。

除骄奢之外，尼禄还淫荡到不可思议。他曾经当众扮演成野兽搞淫乱活动。他还曾宣布过一个奇怪的规定：凡是向尼禄承认自己犯有淫荡罪的人，他的其他一切罪过都可以被赦免。尼禄做坏事与他的母亲有关系。他的母亲美如天仙又毒如蛇蝎，曾经用毒蘑菇毒死丈夫让尼禄继位。尼禄先和母亲乱伦，后来又先后杀了母亲、弟弟和不止一位妻子。由于尼禄滥施暴政，罗马人终于揭竿而起，兵临城下，最后尼禄只好自杀。暴君一死，罗马人纷纷戴上自由帽，奔走相告。

尽管纣王被称作"东方的尼禄"，但实际上作为暴君，纣王

---

① 塞斯特提乌斯（Sestertius）：古罗马银制货币，又译塞斯太提、塞斯特斯、塞斯退斯、塞斯泰尔斯等。——编者注

比尼禄早了一千多年。所以不妨倒过来，将尼禄称作"西方的纣王"。

成语"助纣为虐"大家应该都不陌生，而纣王身边的一个美女在"助纣为虐"甚至"教纣为虐"这件事上起到了重要作用，她就是历史上最著名的"红颜祸水"妲己。

"教纣为虐"的妲己

为什么说"教纣为虐"呢？这是小说《封神演义》给我造成的印象。纣王最后是自杀的，公元前1046年，姜子牙兵临城下，纣王跑到鹿台上，穿上镶有珠宝玉石的衣服，然后放火自焚。妲己也是自杀的，《逸周书·克殷解》说纣王自杀后，周武王去找妲己，发现她和另外一个美人已经吊死了，"（武王）乃适二女之所，既缢"。《逸周书》对妲己结局的记载最早，应该也是最可靠的。

有历史学家考察了纣王众多罪状出现的时间顺序，发现了一个奇怪的现象：随着历史的发展，纣王被列出的罪行越来越多，而妲己的作用也被认为越来越重要。在较早期的历史记载中，纣王的罪行并不像后世流传的那么严重，如周武王在《尚书》中开列的纣王罪行主要有六条：第一，酗酒；第二，不用贵戚旧臣；第三，重用小人；第四，听信妇言；第五，信有命在天；第六，不留心祭祀。拿这六条来跟现在广泛流传的纣王暴行比，就显得轻多了。历史上"助纣为虐"的是哪些人？纣王堵塞言路，忠良不敢说话，奸佞盘踞要津，"助纣为虐"的主角是这帮人，还包括给纣王写"靡靡之乐"的乐师师延①。妲己只是纣王中年后的伴侣，她的主要罪过是争宠，而失宠的妃子各有不同的氏族背景，因为妲己得宠，纣王和诸侯小国的冲突加深了。从《尚书》往后，野史作者越来越热衷于把纣王妖魔化，把妲己祸水化。汉代《列女传·孽嬖传》中的记载已经和《逸周书》不一致了，《列女传》中说妲己是周武王杀掉的，周武王执行上天的惩罚杀掉妲己后，还把她的头悬挂在小白旗上，以此让大家知道，导致商朝灭亡的是这个女人。原文是："于是武王遂致天之罚，斩妲己头，悬于小白旗，以为亡纣者是女也。"

纣王的故事，在宋元时期被演绎成话本《武王伐纣评话》，到

---

① 师延：商朝乐师，"靡靡之乐"的创作者，《韩非子·十过》中有"此师延之所作，与纣为靡靡之乐也"的记载。前文提到《史记·殷本纪》中称纣王"于是使师涓作新淫声，北里之舞，靡靡之乐"，其中的师涓为当时的演奏者。——编者注

了明代天启年间又被改编为著名的神魔小说《封神演义》。按《封神演义》中的观点，导致商朝灭亡的罪魁祸首不仅是纣王，还有妲己。小说中描写狐狸精以美女妲己的身份进入纣王后宫，先一步步夺宠，再教纣王怎么作恶。纣王那些臭名昭著的恶行，似乎大部分都是在妲己的唆使下做出的，纣王本人倒像个提线木偶一样唯命是从，"助纣为虐"这个词简直应该改成"教纣为虐"了。我们举几个例子：

比如妲己想做王后，就陷害纣王的原配姜后，谎称姜后派刺客刺杀纣王，唆使纣王用酷刑挖掉姜后一只眼睛、炮烙姜后的双手，并追杀太子。姜后被害后，纣王去摘星楼和妲己歌舞作乐，见到有七十多个宫女掉眼泪。经过调查，发现她们以前都是姜后的宫女。妲己又给纣王出主意，在摘星楼下挖个大坑，放上四万条毒蛇，把这七十多名宫女剥光衣服推到大坑里，让她们被毒蛇咬死，场面惨不忍睹。

比如姬昌被囚禁后，他的儿子伯邑考来朝见纣王，想贡献几件奇珍异宝救出父亲。淫荡的妲己试图勾引伯邑考，被伯邑考严词拒绝。妲己恼羞成怒，对纣王谎称伯邑考调戏自己，后又诬陷伯邑考在演奏中毁谤纣王，教唆纣王将伯邑考剁成肉酱。纣王打算拿这个肉酱喂毒蛇，妲己又提了更为恶毒的建议：大家都说姬昌是圣人，听说圣人不会吃自己儿子的肉，你用他儿子的肉做成肉饼送给他吃，看他吃不吃。结果，姬昌为了麻痹纣王，不得不吃下用亲生儿子的肉做的肉饼。

比如比干之死，在《封神演义》里被认为完全是妲己的责任。比干发现了妲己同类的老窝，于是烧死了她的一群狐狸子孙，把没烧焦的皮毛给纣王做了一件狐裘大衣，因此妲己对比干恨之入骨。她假装犯心痛病，指使心腹喜媚骗纣王说，曾有医士给过一个药方，用一片"玲珑心"煎汤吃下就能治好，还"推算"出只有比干有"玲珑心"。于是纣王让比干自己挖出心给妲己吃。这就和之前的历史记载有很大区别了。《史记》中记载的是比干数次进谏激怒了纣王，纣王借口想看比干是否"心有七窍"，而将比干的心挖了出来。按正史记载，"比干剖心"跟妲己没有任何关系，完全是纣王的意图。

再比如纣王"断胫验髓""剖腹观胎"这两大恶行，《封神演义》中也都说是妲己唆使的。小说中对这两大恶行的描述与之前史料中的记载略有不同，讲纣王在冬天看到一老一少蹚水过河，老人不怕冷，过得快，小伙子怕冷，过得慢。纣王问妲己怎么回事。妲己说：老人是父母年轻时生的，骨髓充盈；小伙子是父母年老时生的，骨髓不满。纣王不信，妲己说把两人抓来看看就知道了。纣王就把两人抓来，砍断腿骨检查，果然老者髓满，少者髓浅。纣王看后大笑着让人把两人的尸体拖走了。妲己又说她能推测孕妇所怀胎儿是男是女，面朝哪边，于是纣王又抓来三名孕妇一一剖腹，证明妲己的推测都很准确，三名孕妇和三个孩子都因此丧生……

这样的妲己还是真实的历史人物吗？不是，她是一个虚构的文学形象。她甚至不是人类，而是狐狸精。《封神演义》写道，纣王去女娲宫进香，看到女娲圣像天姿国色，于是在墙上写了一首调戏女娲的诗。女娲回来看到后大为恼火，就派狐狸精、雉鸡精、琵琶精三妖去破坏成汤六百年的基业。狐狸精摄走美女妲己的灵魂，附在妲己身上冒充她。被狐狸精附身的妲己既淫荡又妩媚，充满享乐欲和虐待欲，坏出花样，坏出水平，又百般娇媚，万种妖娆。她最后被姜子牙抓住准备斩首，士兵们受其魅惑，"目瞪口呆，手软不能举刃"，姜子牙不得不亲自祭起魔法，才终于把妲己杀掉。妲己这个文学形象是中国古代小说中的"恶之花"。她虽然不是古代小说中第一个害人的狐狸精，却是坏得最全面、最生动、最别致、最精彩的一个。

通过《封神演义》，纣王和妲己这对在历史上本是"荒唐暴君"和"红颜祸水"的人物，进一步在中国家喻户晓。发生在他们身上的很多事件并不是历史,而是文学创作。《封神演义》是中国古代小说园林中的常青树,它在历史大框架中纵横想象的长篇叙事方式,被人称为"拟史诗",《中国科学技术史》作者李约瑟更是称《封神演义》为"降魔史诗"。《封神演义》虽有一定的史诗风格,却主要以奇特的想象取胜,风格光怪陆离,令人眼花缭乱。而整部小说中的"红颜祸水"妲己贡献的"看点"相当多。《封神演义》是在历史基础上展开想象翅膀的神魔小说范本,在文学史中的影响略逊于《西游记》。

褒姒:烽火戏诸侯

周武王伐纣,商朝灭亡,周朝建立,历史上叫"西周"。西周传到第十三个帝王周幽王,这个人又是一个昏君,西周就在他的手中灭亡了。

历史学家童书业的《春秋史》总结西周灭亡有四个原因。第一,穷兵黩武,导致国力衰落。周边少数民族戎狄经常袭扰,周幽王的父亲周宣王连年用兵,国家和人民都受到很大损失。第二,天灾流行。《诗经》说周幽王时"百川沸腾,山冢崒崩。高岸为谷,深谷为陵",应该是经历了一次又一次大地震。至于地震的烈度是多少，当时没有科学记载，从山川受损的程度来看，大概有八级的样子。天灾接二连三，人民开始逃亡。第三，社会动摇，政治腐败。西周末年周王室与贵族奴隶主争夺土地，贵族不断将王田占为私田，而周王室军事实力日趋衰弱，甚至不得不求助诸侯国帮忙向贵族讨要王田，也使得国内矛盾和阶级矛盾都进一步加剧。第四，君王昏庸，任用匪人，宠信内妾。周幽王起用一个叫虢石父的人掌握朝政。历史记载这个人"善谀好利"，善于阿谀奉承，见利忘义。正直的大臣得不到重用，有的逃到诸侯国，有的归隐。周幽王宠爱褒姒，《诗经·正月》中称"赫赫宗周，褒姒灭之"，直接把西周灭亡的罪名安到褒姒头上。

从历史的前因后果看，褒姒对西周的灭亡起到了相当重要的作用。褒姒是褒氏之女。她的父亲犯了罪，于是把她献给周幽王赎罪。①褒姒天姿国色，把周幽王迷得神魂颠倒。《诗经·十月之交》中说周幽王是"艳妻煽方处"，"艳妻"指褒姒；"煽"指她的权力很大，炙手可热；"方处"指褒姒和她的一帮狐朋狗党身居要位，执掌朝政。《诗经·瞻卬》中说"妇有长舌"，据说也是讽刺周幽

---

① 关于褒姒的身世有几种说法，除"罪臣之女"一说外，另一说为罪臣之子为父赎罪，将她买来献给周幽王，还有一说为周幽王攻打褒国，褒国兵败后为乞降将她献出。——编者注

王因宠爱褒姒驱逐良臣,这一句也是今天常说的"长舌妇"的来源。《诗经》中的这两句意思差不多,都是说巧舌如簧的褒姒控制了周幽王。褒姒特别有心计,她不单纯想要赢得周幽王的宠爱,还琢磨当周幽王不在时,自己的荣华富贵怎么继续下去。想要实现这个目标,只有一个办法——夺嫡,让自己的儿子继位。周幽王的元妃①申氏之子宜臼本已被立为太子,而褒姒为周幽王生下儿子伯服后,周幽王无缘无故废黜了申氏和宜臼,立褒姒为后,立伯服为太子,这就违反了周朝的嫡长子继承制度。周朝制度规定嫡长子有优先继承权,所谓嫡长子即正妃生的长子。对周幽王来说,嫡长子是申氏所生的长子宜臼,伯服是褒姒被扶正之前生的,不能算嫡长子。周幽王废黜申氏和宜臼后,还想要迫害宜臼,宜臼逃到外祖父申侯那边求助。申侯是影响力很大的诸侯,他联合周朝周边的缯国和犬戎一起攻周,于是周幽王的危机来了。

褒姒很美丽,就是不喜欢笑,周幽王想出各种办法逗她笑,她就是不笑。周幽王为了引褒姒笑,叫大臣出主意,宣布谁有办法逗他的美人笑,赏千金,这就是"千金一笑"的来历。有个奸臣出了个馊主意——"烽火戏诸侯"。

---

① 元妃:指国君或诸侯的嫡妻。——编者注

烽火是怎么回事？按照周朝制度，王室有难，诸侯必须率领军队勤王①。那时通信不发达，有什么事只能派快马送信。遇到紧急情况怎么办？周朝人想出一个聪明的办法——建烽火台。周朝的都城在镐京，就是现在陕西省西安市长安区，为了让诸侯在周王室有难时能够及时救援，周朝在镐京附近的骊山上建了一些高台，台上立个长杆，杆顶上有个箩筐，筐里白天放狼粪，晚上放干柴。如果有敌寇来犯，白天点起狼粪，烟雾直冲云霄，这就是成语"狼烟滚滚"的来历；晚上点起干柴，火光四射，照亮天穹。每隔几里就有一个台子，前边的台子一点烟或一点火，后边的台子就接着点烟或点火，一个接一个地把周室有难的信息传到诸侯各国。这是西周时期相当先进的警报系统，是人们为了应付国家危难想出来的通信手段，不到万分紧急的时候不能使用。

而周幽王为了逗美人一笑，带着褒姒来到骊山，下令点烽火。诸侯看到狼烟滚滚，都认为周室有难，纷纷带兵跑来勤王，旌旗飘动，尘土飞扬。诸侯们风尘仆仆地跑到骊山下一看，哪儿有什么敌寇？只见周幽王正和褒姒饮酒取乐呢。褒姒一看诸侯们灰头土脸地跑来，一个个在下面大眼瞪小眼，被逗得哈哈大笑。周幽

---

① 勤王：指君主制国家中君王有难，臣下起兵救援君王。——编者注

王看见美人一笑更漂亮了，他心里更高兴，觉得这办法还真灵。过了几天，褒姒又不笑了，周幽王又想逗褒姒笑，于是又点烽火。这样折腾了几次，"烽火请诸侯"成了"烽火戏诸侯"，诸侯们感觉深受侮辱，决定再也不信了。

当申侯联合缯国和犬戎来进攻周幽王时，周幽王再点烽火，诸侯们一看，心想大王又跟褒姒闹着玩儿呢，不理他们了。于是周幽王就在骊山上被敌军杀掉了，褒姒也做了犬戎的俘虏。

褒姒对西周的灭亡起到的作用，似乎比妲己对商朝灭亡起到的作用更大。是褒姒夺嫡，引起申侯发兵；是周幽王为取悦褒姒，拿军国大事当儿戏，才导致紧要关头没人救援，最后国破家亡。周幽王头脑冬烘、思维简单，他似乎想不到自己身为帝王，婚姻实际上是重要的政治工具，废黜了申氏，不仅丢失了以申侯为首的几个重要诸侯的支持，还导致和对方反目成仇，自己也就坐在火药桶上了。政权已经有了巨大裂缝时，他还傻呵呵地继续跟褒姒寻欢作乐，搞"烽火戏诸侯"的把戏，将这条裂缝进一步扩大，简直就是自取灭亡了。

周幽王一死，西周就灭亡了。申侯立宜臼为王，就是周平王。西周都城镐京经历战乱后满目疮痍，西部少数民族势力虎视眈眈，周平王于是决定把都城迁到洛阳，以便依靠东部强大诸侯的力量，这就是历史上著名的"平王东迁"。东周由此开始,春秋时期也就开始了。

宠美女春秋霸主成苦主

春秋时期最大的特点是诸侯争霸。周室衰微,王纲解纽,周王室的威信越来越低,话语权越来越小,反而是诸侯里的霸主越来越有威信。春秋时期先后做过霸主的有齐桓公、宋襄公、晋文公、秦穆公、楚庄王等,他们仍然像周幽王一样宠爱美人,仍然因为宠爱美人搞得家国不宁,结果使得其中一些霸主成了"苦主"。

先看春秋时期第一个崛起的霸主齐桓公怎样因为宠美女导致自己死后无人收尸。

齐桓公于公元前685到前643年在位四十二年,他能成为春秋第一个霸主,一方面依靠齐国地处滨海,物产富饶丰足;另一方面依靠贤臣管仲进行的一系列改革,富国强兵。管仲提出"尊王攘夷"的口号,"尊王"就是推崇周王室,维护正统;"攘夷"就是抵御南北两方的外族入侵。齐桓公于是依靠着这些优势"九合诸侯,一匡天下"。当时齐国都城临淄十分繁华,大街上"举袂成幕，挥汗成雨"。

齐桓公政治上雄才大略，生活上好色无度，他的后宫简直可以成立个"方言研究会"了。为什么这样说？因为当时其他诸侯国为了巴结齐桓公，纷纷给他进献美女，他照单全收，后宫充斥着来自天南地北各个诸侯国的美女。他有过三个夫人，都因为不得宠没有儿子。他宠爱的宫妃里地位较高的有六个，包括来自郑国的郑姬以及来自卫国的长卫姬、少卫姬等，这六个宫妃都有儿子。在齐桓公晚年，这些美人和她们的谋士想出各种招数为儿子争夺继承权。

齐桓公立郑姬的儿子昭为太子，但长卫姬想让自己的儿子无亏[①]取而代之，于是长卫姬跟齐桓公宠信的御厨易牙勾结起来，易牙帮助长卫姬出邪招儿夺宠，他想出的邪招儿是常人难以想象的。

齐桓公有一次半开玩笑地对易牙说，自己什么山珍海味都吃过，唯独不知人肉是什么味道，易牙听后就杀了自己的儿子做给齐桓公吃。都说"虎毒不食子"，易牙为了取得齐桓公的信任，竟然亲手把自己的儿子变成一盘菜，可以说是丧尽天良。但这样一

[①] 无亏：又名无诡。——编者注

来，齐桓公认为易牙对自己无限忠诚，于是特别信任他，后来更是听他的话，改立他支持的长卫姬的儿子无亏为太子。于是，齐桓公其他的儿子也各自拉帮结派，培养自己的势力，以谋取太子之位。当管仲在世时，夺嫡之战已经初露端倪，但齐桓公和管仲都料想不到，整个国家将来会因为这件事遭受重创。齐桓公在位四十二年后病逝，而管仲在两年前就已经去世了。齐桓公一死，他的儿子们就开始大动干戈地抢夺王位，谁也不给齐桓公发丧。就这样，赫赫有名的春秋第一霸主齐桓公的遗体被放在床上六十七天，众多妃嫔和儿子谁都不管不问，以致尸体腐烂，臭气熏天，长出的虫子都从屋内爬到了户外。公子无亏在易牙等奸臣的支持下继位，公子昭逃到宋国求援。宋襄公集结诸侯带兵伐齐，拥立公子昭回国继位，但齐国元气大伤，从此走向衰落。

春秋第一个霸主齐桓公，能强国，能称霸，却因为跟妃嫔的关系处理不当，导致自己死后无人收尸。

春秋另一霸主晋文公，公元前636到前628年在位，在位十二年就死了，比齐桓公短得多。为什么在位时间这么短？因为他六十二岁才继位。为什么这么晚？因为吃了美女的苦头。这个美女，就是"沉鱼落雁"这个典故真正描述的对象——骊姬。

晋文公本名重耳，是晋献公的儿子。晋献公本来也是个雄才大略的诸侯，但一见美女就犯糊涂，而且他爱美女讲究"多多益善"。他的第一位夫人齐姜是齐桓公的女儿，而且是有名的大美人。齐姜原本嫁给晋献公的父亲晋武公为妾，但很早就与晋献公有来往。晋献公接受父亲江山的同时，连庶母齐姜一起接受，立为夫人。齐姜生了个儿子申生，被立为太子。晋献公讨伐戎国，又娶了狐姬姐妹俩做妾，生了两个儿子重耳和夷吾。讨伐骊戎时，他又收了骊戎君的两个女儿骊姬和少姬。骊姬是春秋大名鼎鼎的美女，有记载说她的长相带有西域风情。骊姬生了个儿子奚齐[1]，少姬生了个儿子卓子[2]。齐姜去世后，晋献公立骊姬为夫人。

骊姬深知晋献公一死，她的荣华富贵就到头了，因此她从很早就开始替儿子奚齐抢夺继承权。骊姬说服晋献公把其他儿子都派到外地，只把她们姐妹俩的儿子留在身边，晋献公渐渐跟其他儿子疏远。然后，骊姬又想办法除掉其他儿子，第一个目标就是太子申生。骊姬是天才演员，她煞有介事地对申生说：我梦到你母亲齐姜了，她让你去祭祀她。申生很感激，当真去祭祀母亲。按周朝制度，祭祀的酒肉要送给最尊贵的人享用。申生祭祀完，恭

---

[1] 奚齐：又名傒齐。——编者注
[2] 卓子：又名悼子。——编者注

恭敬敬地把祭祀用的酒肉送给晋献公吃。骊姬偷偷派人把申生送来的酒肉下了毒，晋献公要吃时，骊姬说：外边送进来的东西得经过试验才能吃。于是她端起酒倒到地上一点儿，青砖地面吱吱作响，还鼓起一块；她切下一块肉喂狗，狗马上死了；她再切一块肉叫宫中的小吏来吃，小吏吃完也倒地而死。骊姬马上哭哭啼啼地对晋献公说：太子怎么忍心给您下毒呢！太子之所以这样做，一定是因为怨恨我和奚齐，我们母子还是趁早躲到其他国家吧。申生是历史上著名的"愚孝"代表，他得知此事后，先躲到了新城曲沃。而稀里糊涂的晋献公大怒，马上杀了申生的老师杜原款。申生周围的人劝他，下药的是骊姬，你为什么不去向父亲证明自己的清白？申生说，我父亲老了，他喜欢骊姬，离了骊姬吃不下睡不着，我说骊姬不好，父亲肯定不高兴，这是不孝。周围的人又劝他逃到别的国家躲一躲，申生说，现在其他国家的人都听说我想毒杀父王，谁还会收留我？不如我自杀算了。结果申生就真的自杀了。

除掉了太子，骊姬陷害的目标又对准了晋献公另外两个有可能继承王位的儿子。她又对晋献公说，申生投毒，重耳和夷吾是同谋。晋献公立刻相信了，于是派兵去抓自己的两个儿子，重耳和夷吾就逃走了。重耳因祸得福，他周游列国期间，顺便体察民情，联络诸侯,齐桓公和秦穆公都把本家族的女子嫁给他,他通过联姻,得到了其他诸侯的支持。他在外逃亡十九年,在六十二岁那年,晋国发生内乱,他终于在秦穆公派兵护送下辗转回国,继位成为晋文公。他励精图治,成为"春秋五霸"之一。

春秋时期两个赫赫有名的霸主齐桓公和晋文公,两人的命运都直接或间接地受到女性的影响。齐桓公宠美女宠得自己无人收尸,晋文公被父亲宠爱的美女害得逃亡十九年,这些都是《左传》等史书中记载得非常详细的史实。

夏姬:载入正史的著名"祸水"

夏、商、周三大王朝出了夏桀和妹喜、商纣王和妲己、周幽王和褒姒这三对中国古代最有名的"昏君与祸水"组合,经常被后世文人拿来做文章。他们的故事零零星星记载在史书里。骊姬是"沉鱼落雁"这一典故的来源,她的所作所为被历史学家明确称为"骊姬之乱",但记载比较简略。正统历史学家笔下最著名的"祸水"案例,是《左传》中着墨最多的夏姬。她从豆蔻年华到半老徐娘,不停地勾引、祸害了一个又一个男人,乃至一个又一个国家,可以说是名副其实的"祸水"。

夏姬是春秋中期郑穆公的女儿。郑国位于现在河南省北部郑州市一带。她本来应该被称为郑姬，但为什么被称为夏姬呢？因为她的第二个丈夫姓夏，按照古时习惯，女人出嫁后，就要把夫姓放到父姓前。但夏姬为什么没被冠上第一个丈夫的姓呢？因为她和第一个丈夫子蛮结婚不到一年，丈夫就死了，两人也没有子女。①这也是夏姬作为"祸水"的第一条罪状：纵欲害死了第一个丈夫。

夏姬守寡没多久，便嫁给第二个丈夫陈国大夫夏御叔，生了个儿子夏徵舒。十几年后夏御叔病故，临终时恳求陈灵公照顾孤儿寡母，陈灵公答应了。于是陈灵公让夏徵舒承袭其父官职，执掌兵权。陈国人认为夏姬不祥，因此陈灵公不敢把夏姬带进后宫，于是将她当成外室，时常出入夏家。《诗经·株林》就讽刺陈灵公偷情一事，《毛诗序》中称他"淫乎夏姬，驱驰而往，朝夕不休息焉"。同时，仪行父和孔宁也分别和夏姬偷情，这三个情夫每个人都自认为是夏姬最爱的男人。据《国语》记载，陈灵公、仪行父和孔宁君臣三人经常一起跑到夏姬家喝酒取乐。这三

---

① 子蛮的身份存在一定争议，有说法称子蛮和夏姬是同父异母的兄妹，两人并未成婚，在一起后不久子蛮就去世了。——编者注

人每人都有一件夏姬的内衣，他们在朝堂上当着其他王公大臣的面，公然展示夏姬的内衣，互相炫耀取乐。其他大臣看不下去，大臣泄冶对陈灵公说：国君与公卿公开宣扬淫乱之事，太不像话了吧？就算老百姓不去效仿，传出去也不好听，您还是赶紧收起来吧。陈灵公说：我会改正的。然后，他将这件事告诉了仪行父和孔宁，两人建议杀了泄冶，陈灵公并没有阻止。后来泄冶就真的被杀了。

这三个败类拿夏姬开玩笑成了习惯。有一次，三个人在夏姬家喝酒，陈灵公对仪行父说：你看夏徵舒这小子长得多像你呀。仪行父说：他也像您哪。夏徵舒听后恼怒不已，于是藏在马厩里，等陈灵公出来，一箭将陈灵公射死了。仪行父和孔宁跑到楚国求援，说夏徵舒弑君，请楚庄王主持正义。楚庄王派军队前来，杀了夏徵舒，将尸体车裂。车裂也就是"五马分尸"，是对乱臣贼子最严厉的处罚。

夏姬因为淫乱害死了情夫，也害死了儿子。楚王把她当战利品带回楚国，楚国君臣纷纷被夏姬迷倒。楚庄王本人是"春秋五霸"之一，从年轻时就爱美女，历史记载他曾经荒淫无度，"左抱郑姬，右抱越女，坐钟鼓之间"。后来臣子用"一鸣惊人"的故事劝谏，他立改前非，成了一方霸主。楚庄王阅美女无数，但一见徐娘半老的夏姬，立即被她迷倒，要收入宫中。他手下很有谋略的申公巫臣出来制止，说这样不行，诸侯知道以后会认为您是为了贪色而讨伐陈国的。楚庄王于是放弃了。

楚军统帅子反要求娶夏姬，楚庄王同意了。巫臣又去阻拦子反，他的一番长篇大论被《左传》完整地记载下来，大意是说：夏姬是个不祥的女人，她的放荡害死了子蛮、夏御叔、陈灵公和夏徵舒，害得孔宁、仪行父出逃，害得陈国灭亡，这个女人是有多可怕啊！人生已经够艰难了，何必要主动求死呢？世间美人多的是，何必非要这扫帚星？子反一听，觉得有道理，于是也放弃了。

巫臣阻止楚庄王和子反娶夏姬，是为了国家安危考虑吗？不是，是他自己看上夏姬了，又不好意思直说。可是，楚庄王接下来就把夏姬许配给连尹襄老了。不久，襄老参加了攻打郑国的战斗，死在了邲地（今河南省荥阳市东北），夏姬又和襄老的儿子黑要勾搭到一起。巫臣知道由于楚庄王杀了夏姬唯一的儿子，夏姬恨透了楚国，所以要想把她弄到手，最好的办法就是承诺能帮她报仇。巫臣用这个条件说服夏姬，夏姬果然同意嫁给他。然后，这对男女先是一起到了晋国。巫臣在那里做了官，有了封地。他意识到要想对抗楚国，晋国的地理位置不如吴国。晋国位于今天的山西省一带，楚国位于今天的湖北省一带，吴国位于今天的江苏省和安徽省一带。巫臣说服晋国国君搞吴晋联盟，然后带着夏姬到了吴国，同时带去很多兵车，还教吴国人射箭、车战、布阵。吴国在这之前一直是楚国的属国，在巫臣的帮助下逐渐强大起来。然后，巫臣说服吴国国君转而攻打楚国，于是楚国受到重创，开始衰落。

夏姬在春秋时期活动时间长，活动范围大，造成恶果多，那些拜倒在她石榴裙下的国君、大将、大臣，可以说是个个不得好死。她所到过的诸侯国——郑国、陈国、晋国、楚国，全都受到了她的危害。夏姬是中国历史上当之无愧的"玉面杀手"，正统史学家司马迁在《史记》中展示过相当详尽的事例。但是后世文人似乎都对她的兴趣不大，那些著名的小说、戏曲创作者，似乎极少有以她为题材进行创作的。为什么？因为严格说来，夏姬并不算是春秋第一"美女"，而是春秋第一"媚女"，是妖姬、荡妇。跟她打交道的男人，特别是陈灵公和巫臣，统统不是英雄，而是小人。巫臣似乎也做出了一番不小的"事业"，甚至改变了几个诸侯国的历史走向，但极少有历史学家对他做出正面的评价，给他歌功颂德。所以，后世文人很少拿夏姬做文章，似乎也不足为奇了。

夏姬身后几十年，也是在吴国，中国古代第一美女横空出世，她就是中国人百说不厌的西施。经过历代文学家的渲染，西施的故事已经成为"英雄美女"故事的经典范本，"西施"这个名字也成了中国美女的代称。

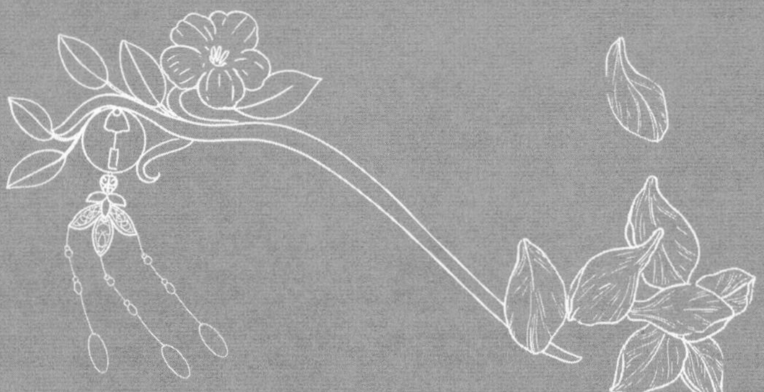

第五章

心生怨妒的古代女性

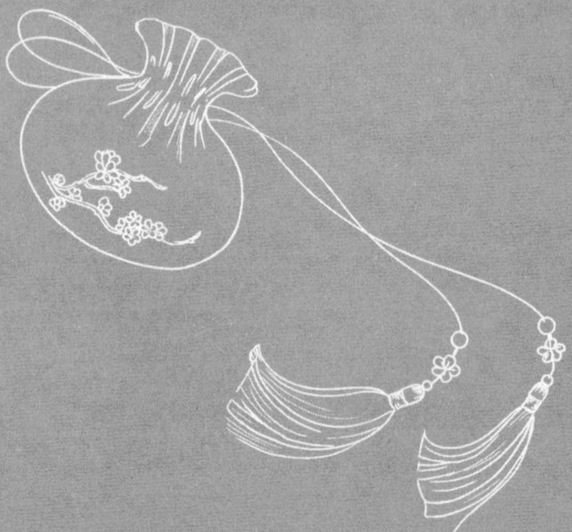

霍小玉：痴情女子负心汉

中国古代文学包括诗词、小说、戏剧中，"痴情女子负心汉"是一个重要题材。李清照"人似黄花瘦"①等清词丽句也是写这种感情，她一心一意爱丈夫，丈夫却既纳妾又到青楼猎艳，让她伤心不已。这种"痴情女子负心汉"题材的开创时期，至少可以追溯到汉代乐府诗《上山采蘼芜》，这首民歌体的诗歌讲一位被休弃的女子在山上偶遇前夫，她跪在地上问：您娶的新妇和我相比怎么样？丈夫回答：我把新妇从正门迎进来，把你从旁门送出去，没想到过了一段时间，发现新妇还不如你，既不如你漂亮，也不

---

① 人似黄花瘦：也有版本作"人比黄花瘦"。——编者注

如你干活儿的手艺好。这首诗的原文是这样的:"上山采蘼芜,下山逢故夫。长跪问故夫,新人复何如?新人虽言好,未若故人姝。颜色类相似,手爪不相如。新人从门入,故人从阁去。新人工织缣,故人工织素。织缣日一匹,织素五丈余。将缣来比素,新人不如故。"这段描写把男人喜新厌旧又患得患失的情绪写得很形象。而唐传奇《霍小玉传》开辟了"痴情女子负心汉"的经典模式,被后世小说、戏剧广泛采用。既然称作"模式",就存在某种公式化的程序,我把它归结为:

郎才女貌→男子对女子一见钟情,热烈追求并结合→分离时男子信誓旦旦永不相负→分离后女子痴情等待→结果男子另娶,女子被抛弃。

《霍小玉传》作者蒋防,曾任唐宪宗时期的翰林学士、中书舍人,做过刺史,传奇小说《霍小玉传》是他的成名作。但《全唐文》的编纂者却认为《霍小玉传》等传奇"猥琐",因而并未收录。或许《全唐文》的编纂者是个男权至上主义者,不赞同蒋防在文中对负心汉的批评。但这篇传奇小说流传很广,汤显祖就是先以《霍小玉传》为底本创作了《李十郎紫箫记》,后又在《紫箫记》的基础上加以完善,形成了更为成熟的《紫钗记》。汤显祖在《紫钗记·题词》中说,"霍小玉能作有情痴,黄衣客能作无名豪"。胡应麟在《少室山房笔丛》中说:"唐人小说纪闺阁事,绰有情致,此篇尤为唐人最精彩之传奇,故传诵弗衰。"他们都认为《霍小玉传》最能代表唐代小说的艺术成就。

《霍小玉传》的男主角李益是历史上真实存在的人物。他出身名门,大历四年(公元769年)进士及第,他从唐玄宗到唐文宗经历了九个皇帝,官至礼部尚书,位居台阁,著有《李益集》,流传诗歌百余首,是中唐著名诗人,以七绝最为著名。而这位经常把诗歌写得慷慨激昂的诗人,为人却颇有些小心眼儿。据《新唐书》记载,李益"少痴而忌克,防闲妻妾苛严,世谓妒为'李益疾'",意思是说他总是怀疑妻妾红杏出墙,千方百计地加以防备,以至于当时社会上将男人的忌妒、猜忌称为"李益疾"。《霍小玉传》中恰好有段情节是讲被李益抛弃的霍小玉临终时发誓,她死后必为厉鬼,要害得李益妻妾不安。这说明霍小玉的故事并非空穴来风,是有事实依据的。

霍小玉是霍王之女,母亲是霍王的宠婢。霍王在时,母女享受着玉堂金马的待遇,霍王一死,母女俩就被霍王的兄弟赶出了王府。霍小玉温婉美丽、多才多艺,因为社会地位不高,她和李益结合之初,就有被遗弃的预感。

李益是在千方百计求美色的过程中发现了绝色美人霍小玉,

于是展开了百般追求。二人初会时,李益对待霍小玉就好像拜见皇帝一样,因为霍小玉太美了,"生即拜迎。但觉一室之中,若琼林玉树,互相照曜,转盼精彩射人"。他对霍小玉说"倘垂采录,生死为荣",意思是如果您能接受我,我不论生死都感到荣幸。霍小玉则"低鬟微笑",表现得庄重温文。

李益和霍小玉在中宵之夜结合,李益信誓旦旦地说自己"粉骨碎身,誓不相舍"。霍小玉十分清醒,知道自己的身份不能跟李益成为终身伴侣,将来人老珠黄时,李益肯定会另娶他人,所以她会说"自知非匹""一旦色衰,恩移情替"。

李益被任命为官员,上任前,对霍小玉发誓:"皎日之誓,死生以之。与卿偕老,犹恐未惬素志,岂敢辄有二三?"霍小玉清楚自己无法和李益相守一生,于是提出极其低微的请求,只要李益跟她恩爱八年,之后李益再正式娶妻,届时她心甘情愿削发为尼,遁入空门。

在霍小玉和李益相爱的过程中,李益一直是主动的、热诚的、信誓旦旦的,霍小玉则比较低调、清醒。他们两个人关系转折点是在李益的身份变化以后,他做了官,为了继续往上爬,他的母亲已经替他与名门之女卢氏定了亲,他自己并未拒绝,想必也愿意能有高门大户作为依靠。他自秋及夏都在江淮一带找亲友借贷,以便筹集聘礼向对方求亲。霍小玉怎么也想不到"门第"有这么大的威力，使李益和她才结合两年，就遗弃了她，转而向卢氏求亲。李益对霍小玉消极躲避，想通过断绝联系让霍小玉对他死心，"寂不知闻，欲断其望"。霍小玉对李益的一片痴情，促使她主动积极地寻找李益。她典卖服饰古玩，求仙问卜，向亲友打听李益的消息。

当确知李益变心另娶后，霍小玉"冤愤益深"而病倒。而李益负心霍小玉一事，在社会上传得沸沸扬扬，"自是长安中稍有知者，风流之士，共感玉之多情；豪侠之伦，皆怒生之薄行"。李益的所作所为引起了社会舆论的反感，还引得一位黄衫豪士主动帮助霍小玉。当黄衫豪士将李益强行带到霍小玉身边时，小玉"含怒凝视，不复有言"，她对李益由爱生恨，"侧身转面，斜视生良久"，然后悲愤地宣布："我为女子，薄命如斯；君是丈夫，负心若此。……我死之后，必为厉鬼，使君妻妾，终日不安。"她最后"引左手握生臂，掷杯于地，长恸号哭数声而绝"，死在李益面前。李益从此"伤情感物，郁郁不乐"，娶妻纳妾，都疑神疑鬼。

《霍小玉传》着眼于制造女子的"痴情"和男子的"负心"。霍小玉明白自己的社会地位与李益不相匹配，但毕竟天真幼稚，未能估计门阀的威力和负心汉的狠毒，清醒的爱情和糊涂的痴情在她身上同时存在。李益对霍小玉的"爱情"的根基是见色起意，母亲的严命是他变心的外力,最根本的原因还是他本人想通过与名门联姻开拓仕途。他筹集聘礼是通过多方借贷才办到的,完全是他的自主行为,并不是在母亲的逼迫下进行的。

从《霍小玉传》开始,"痴情女子负心汉"的设定成为古代短篇小说的经典模式,产生了很多佳作。比如著名的拟话本《杜十娘怒沉百宝箱》中的杜十娘,也属于这类"怨女",这个人物想必大家都不陌生。

崔莺莺:被始乱终弃的大家闺秀

霍小玉出身低微,遭遇负心汉;崔莺莺出身高贵,同样遭遇负心汉。这里说的是唐传奇《莺莺传》里的崔莺莺,不是王实甫《西厢记》里的崔莺莺。

《莺莺传》原名《传奇》,因文中有《会真诗》三十韵,又名《会真记》,后被收入《太平广记》时改名《莺莺传》。陈寅恪认为,《莺莺传》的故事情节跟元稹的生活阅历有重合之处。还有学者认为莺莺的原型即元稹表妹,张生的原型自然是元稹本人。

莺莺出身名门,天姿国色,受封建传统教育的熏陶,文静庄重。她随着青春的觉醒,经过激烈的思想斗争,在丫鬟红娘的帮助下，勇敢冲破精神枷锁，追求自主爱情，最终却被抛弃。崔莺莺这个"怨女"表现了大家闺秀在爱情上艰难而悲剧性的自主选择，也说明在中国古代，即便是这种身份地位的女性，在爱情方面也往往会身不由己地成为弱者。

《莺莺传》中的张生是始乱终弃的伪君子，鲁迅先生谓之"篇末文过饰非，遂堕恶趣"。

张生和莺莺算是远房亲戚，在战乱中，张生对崔家有救命之恩，崔母设宴感谢张生，令莺莺"出拜尔兄，尔兄活尔"。但大家闺秀莺莺不肯见陌生男人，她"久之辞疾"，不肯出来，后来"久之乃至"。她的美丽又令张生惊艳不已，"颜色艳异，光辉动人"。张生在席间想跟莺莺说话，但莺莺始终"不对"。张生靠送礼打通了红娘的关节，试图通过红娘接近莺莺。红娘建议张生写诗，张生于是写《春词》二首托红娘转交。然后得到莺莺的回答："待月西厢下，迎风户半开。拂墙花影动，疑是玉人来。"张生如约而至，却被莺莺劈头盖脸地教训了一顿。张生陷入绝望，但莺莺却在几天后的一个晚上在红娘的陪伴下主动来到张生的卧房。她"娇羞"至极，"终夕无一言"。虽然勇敢地前来私会，却一直被悲剧色彩笼罩着。

张生和莺莺分手时，莺莺已经预感到张生会始乱终弃。后来莺莺给张生的长信深刻揭示了她内心的感情。她在信中先感谢张生给她送的化妆品，但又表示自己现在不知还能为谁打扮。她回忆自己是在"婢仆见诱"的情况下，接受了张生的私情。假如张生能一直看重她的感情，她"虽死之日，犹生之年"。莺莺这封信，替张生找了很多抛弃她的借口。信中还有这样的话："致有自献之羞，不复明侍巾帻。没身永恨，含叹何言？"这说明莺莺很了解张生是个伪君子，知道张生肯定会抛弃自己，就因为她未经明媒正娶就先和他发生了关系。

事实果然如此，张生先将莺莺的信在朋友间广而告之，再发表一番"妖物"谬论，把莺莺跟妲己、褒姒硬扯到一起，表示"予之德不足以胜妖孽，是用忍情"，后来他果然另娶了。张生抛弃莺莺真是因为怕什么"妖孽"吗？当然不是。我作为千年后的"小说心理医生"替他把把脉：

张生有非常阴暗的男性心理。他抛弃莺莺有两个原因：其一，他已将千金小姐崔莺莺变成了"妇人"，对他来说，莺莺再美，再有文化，对他来说都已经不再新鲜，不再珍贵；其二，他已和莺莺天各一方，在他看来，既然当初莺莺能跟他幽会，那现在一定也能跟其他人幽会，不太可能对他"忠诚"。

莺莺被始乱终弃，既没殉情，也没找负心郎算账，只是自己心如死灰、形同槁木。

张生心安理得地娶了新人，居然还好意思拜访已嫁作他人妇的莺莺。他让莺莺丈夫给莺莺带话，"求以外兄见"，莺莺丈夫居然也同意了。但莺莺坚持不见，"潜赋一章"，大概还是让红娘拿给张生的："自从消瘦减容光，万转千回懒下床。不为旁人羞不起，为郎憔悴却羞郎。"莺莺还是太善良，打掉了牙往肚里咽，宁愿忍气吞声也不埋怨张生。可这样的诗给了张生，岂不是更让他得意扬扬了吗？

张生将这段"风流韵事"拿出来跟朋友炫耀，但他有的朋友似乎不以为然。他的好友杨巨源写了一首《崔娘诗》，后两句是这样："风流才子多春思，肠断萧娘一纸书。"这两句讲得太好了，在男尊女卑的社会中，不管爱或不爱，受损害的总是女人。

唐传奇《莺莺传》影响很大，后世有很多改编作品。影响最大的是王实甫的《西厢记》，已和《莺莺传》具有本质的不同。《西厢记》是喜剧，而且是中国十大古典喜剧之一；而《莺莺传》是悲剧，是讲述大家闺秀艰难地迈出追求爱情的一步，最终却被始乱终弃的悲剧。这种构思模式为后世作家所热衷。

后世还有小说作者故意挑战《莺莺传》进行创作，如冯梦龙所作的《警世通言》中的《宿香亭张浩遇莺莺》（以下简称《宿香亭》）就是这样一个作品。《宿香亭》中的男女主角跟《莺莺传》一样，一个是"张生"（张浩），一个是"莺莺"（李莺莺），两人情投意合，私订终身。后来张浩叔父逼迫他娶孙氏女子为妻，张生不敢反抗，带信给莺莺。但是此莺莺非彼莺莺，崔莺莺逆来顺受，无奈地接受悲剧命运；李莺莺却机智地借助官府夺回情人。她竟然亲自到官府告张生一状，指控他已同自己订婚后又与他人订婚，要求官府明断。她恰好遇到了通情达理的府尹陈公，支持她与张生成婚。陈公还写下一段有趣的判词："花下相逢，已有终身之约；中道而止，竟乖偕老之心。在人情既出至诚，论律文亦有所禁。宜从先约，可断后婚。"我们可以设想，如果《宿香亭》的女主角仍是那个深闺中的崔莺莺，在遭遇情人另娶时，恐怕也只能徒唤奈何了。小说作者对自己这一构思相当得意，以诗总结："当年崔氏赖张生，今日张生仗李莺。同是风流千古话，西厢不及宿香亭。"当然，就艺术成就而言，《莺莺传》远不是《宿香亭》所能企及的。

"怨女"惨烈复仇

在古代，不管是青楼女子、小家碧玉，还是大家闺秀，在追求自主爱情的过程中如果遇到了始乱终弃的男人，大多只能成为"怨女"，听天由命。霍小玉被李益辜负，做了鬼也只能报复李益的妻妾，不能报复李益本人，真是岂有此理；崔莺莺被张生始乱终弃，最后只是忍气吞声，负心人张生毫发无损。后世小说家大概觉得不能太便宜负心汉，于是有了一系列"怨女"惨烈复仇的故事，如《警世通言》中的《王娇鸾百年长恨》，还有宋代以来就有的"活捉王魁"的故事，以及《二刻拍案惊奇》中的《满少卿饥附饱飏　焦文姬生仇死报》，都是生仇死报，大快人心。其中最有代表性的还是《警世通言》中的《王娇鸾百年长恨》。

《王娇鸾百年长恨》女主角王娇鸾是河南南阳王千户之女，男主角周廷章是南阳司教之子。两人因一块香罗帕相识，周廷章对王娇鸾死缠烂打、热烈追求。娇鸾多次以诗表示"妾身一点玉无瑕，生自侯门将相家""劝君莫想阳台梦，努力攻书入翰林"。周廷章为接近王娇鸾，认娇鸾继母周氏为姑母，由此住进王家，在丫鬟明霞和曹姨帮助下，进入王娇鸾闺房。周廷章一进房"便欲搂抱"王娇鸾，王娇鸾却"将生挡开"，并让明霞请曹姨来同坐，严肃地告诉周廷章"妾本贞姬，君非荡子。只因有才有貌，所以相爱相怜"。两人于是在曹姨见证下订立婚书誓约，先拜天地后同宿。二人同居一年后，两人听说周父由四川告病回乡，王娇鸾便劝周廷章回乡看望父亲。周廷章回乡后,发现父亲已替自己与魏同知家小姐定亲。周廷章听说魏女美色无双,魏同知十万之富、妆奁甚丰,便"慕财贪色,遂忘前盟"。王娇鸾两次捎信给周廷章,没想到周廷章竟退还婚书、罗帕,"以绝其念"。王娇鸾得知周廷章变心后,欲寻自尽,又想"我娇鸾名门爱女,美貌多才。若默默而死,却便宜了薄情之人",于是制绝命诗三十二首、《长恨歌》一篇,叙述跟周廷章相爱、结合及周廷章负心的详细过程。她在诗中宣布自己准备自杀:"白罗丈二悬高梁,飘然眼底魂茫茫。……自知妾意皆仁意,谁想君心似兽心!再将一幅罗鲛绡,殷勤远寄郎家遥。自叹兴亡皆此物,杀人可恕情难饶。"王娇鸾本想托卫卒孙九将诗篇捎给周廷章,似乎想用自己的死唤起周廷章的良知,但孙九因周廷章负心而恼火,表示拒绝送信。恰好王娇鸾代父检阅文书,遂将前此二人唱和诗、绝命诗、《长恨歌》、婚书同文书一起送到吴江县官府,随后悬梁自尽。吴江县令接到后,恰好察院樊公按临本县,于是拿给樊公看。樊公看后"深惜娇鸾之才,而恨周廷章之薄幸",他密访后将周廷章擒拿归院,又查明王娇鸾确已自杀,遂下令将周廷章乱棒打死。

《王娇鸾百年长恨》把《莺莺传》所创造的小说模式——"大家闺秀艰难追求爱情却被始乱终弃"发挥到极致,这样的结局比

《莺莺传》更加符合中国人的传统心理——善有善报,恶有恶报。王娇鸾聪慧多情、生仇死报,成为小说史上又一个颇有光彩的大家闺秀形象。特别是她写的那句"杀人可恕情难饶",成了对男子薄幸的常用判词。

而"活捉王魁"是对负心汉最痛快淋漓的报复。王魁负心的故事成为后世小说、戏曲中屡写不厌、屡演不衰的题材,而且创造了一种可以被称为"活捉王魁"的新构思模式:怨女受负心汉残酷对待,做鬼后成功复仇。直到《聊斋志异》中的《窦氏》仍是这种模式,窦氏被恶霸地主南三复引诱,怀孕后被南三复抛弃,做鬼后惨烈复仇,最后使南三复被判死罪。

宋代《醉翁谈录》已有"王魁负心"的话本《王魁负心桂英死报》。"王魁"本来不是人名,而指科举考试名列榜首的王某人。据周密《齐东野语·王魁传》记载,王魁名王俊民,莱州掖县(今山东省莱州市)人,嘉祐年间状元,后患狂疾,医治不当而卒。王魁的故事在南宋时期已经广为流传并被搬上舞台,宋元杂剧、明清传奇以及现代戏曲都沿袭了这个故事,不断地演绎着。

明代话本小说《明刻话本四种》中的《王魁》也是"桂英复仇"。该篇讲述宋朝山东济宁府秀才王魁,字俊民,上京应试下第归来,在莱阳遇到妓女敫桂英,二人"目成心许",敫桂英承揽起王魁的生活，让他专心攻读。一年后，王魁进京赶考，二人焚香设誓，各不负心，生同心，死同穴。后来王魁考中状元，敫桂英寄诗祝贺，表达出她的愿望，"夫贵妇荣千古事，与郎才貌各相宜"，但王魁收到后并不在意。敫桂英又寄诗，"谁知憔悴幽闺质，日觉春衣丝带长""早晚归来幽阁里，须教张敞画新眉"，盼望跟王魁团聚。而王魁暗自琢磨，自己现在大富大贵，岂能以烟花女子为妻，于是一直未回信。而王魁父母此时已为他和崔相国之女定亲。王魁到徐州上任，敫桂英派人送信，竟被他逐出。敫桂英方知王魁变心，呕血大哭，当夜自刎而死。王魁与崔小姐完婚，听说敫桂英自杀，毫不伤心，还暗喜拔去了眼中钉。没想到敫桂英鬼魂却来到王魁住处，骂道："你轻恩薄义，负誓渝盟，使我至此，怎肯与你干休？"王魁家人请了法师来驱鬼，结果阴司判官同情敫桂英，认为"富贵人只顾把贫贱的欺凌摆布，不死不休"，表示一定要了结王魁的罪过。结果法师驱鬼失败，王魁一命呜呼，被敫桂英捉去阴间做了鬼，大快人心。

《二刻拍案惊奇》里的《满少卿饥附饱飏　焦文姬生仇死报》自称是一个"赛王魁"的故事。满生不得志时，寒冬腊月身无分文，饿得在酒店中啼哭，得到焦翁救助，并被请到焦家暂住。满生跟焦翁之女文姬暗生情愫，私订终身，焦翁发现后索性让两人成婚。后来满生科举高中选了官，焦翁倾家荡产为他治装。满生到京上任后，被族中兄弟强邀回家，叔父已为他与朱家定下亲事。满生听说朱家是官宦人家，朱家小姐才貌双全，便绝口不提和焦家成亲一事，迅速与朱家成婚。他和朱氏婚后情投意合，早把焦氏父女丢到脑后。十几年后，满生出知齐州，某日和朱氏等人在后堂散步时与焦文姬不期而遇。焦文姬向他哭诉父亲已死，自己无依无靠，因此前来投奔，满生惭愧不已，让她留下做妾。一日满生去焦文姬房中歇息，第二天不见起床，朱氏让家人开门，只见满生死在地上，焦文姬不见踪影，全家惊骇不已。当夜，朱氏梦见焦文姬来到房中，告诉她满生和她的前因后果，才知文姬十年前已死，此次原为鬼魂前来索命。这是后世作家创作的又一个"活捉王魁"的故事，也是"怨女"惨烈复仇的方式之一。

"长门"和"秋扇"

中国古代有很多"怨女"，在宫廷中出现得最多。汉代宫廷创造了女子不得宠或被遗弃的典故"长门怨"和"秋扇见捐"，被历朝历代的文人运用。我们看看它们的来历。

"长门怨"来自汉武帝的第一个皇后陈阿娇。陈阿娇是长公主刘嫖的女儿。刘嫖是汉文帝和窦皇后之女，汉景帝刘启的姐姐。当时汉景帝立的太子是刘荣。刘嫖很有野心，一度想让自己的女儿阿娇嫁给刘荣，成为未来的皇后，于是向刘荣的母亲栗姬提亲。但栗姬对刘嫖不满，拒绝了刘嫖的提亲请求，刘嫖就把注意力转移到景帝的另一个儿子，当时四岁的刘彻身上。有一次她问刘彻想不想娶妻，刘彻说想，她又指着周围很多宫女问他想娶哪个，刘彻都表示不愿意，最后她指着自己的女儿问：阿娇好不好？刘彻回答：好，如果能娶阿娇，一定造一间金屋给她住。这就是成语"金屋藏娇"的来历。于是刘嫖决定把刘彻扶上皇位，经过她的一番运筹帷幄，栗姬被打入冷宫，没有什么过错的刘荣被废掉太子之位，刘彻成了太子，然后陈阿娇嫁给刘彻成为太子妃。汉景帝驾崩后，刘彻继位，即汉武帝。建元元年（公元前140年），陈阿娇被立为皇后。陈阿娇一开始很得宠，但后来汉武帝转而宠幸卫子夫，陈阿娇忌妒不已，不仅寻死觅活，还请来巫师作法，试图让汉武帝回心转意。元光五年（公元前130年），巫蛊之事败露，巫师被斩首示众，陈阿娇被废皇后之位，贬至长门宫。陈阿娇本来恃宠而骄，被废之后，把身段放低，"奉黄金百斤"，请辞赋名家司马相如替她写了一篇《长门赋》，试图求得汉武帝的原谅。这篇赋中有这样的句子：

"夫何一佳人兮，步逍遥以自虞。魂逾佚而不反兮，形枯槁而独居。"意思是，有个美丽的女子，正在缓步徘徊。她形容憔悴，独自居住，仿佛芳魂已经飘散不再聚起。这几句形象地写失宠的阿娇处境多么悲惨。

"伊予志之慢愚兮，怀贞悫之懽心。愿赐问而自进兮，得尚君之玉音。"意思是，此前我的所作所为何等愚蠢，只为了博取郎君的欢心。请赐给我机会容我哭诉，能恭听郎君的回音。这几句诚恳地向汉武帝表示她知道自己错了，恳求汉武帝能给她改正的机会。

"忽寝寐而梦想兮，魄若君之在旁。惕寤觉而无见兮，魂迋迋若有亡。"意思是，忽然从梦中醒来，恍惚间以为郎君还在我身旁。蓦然惊醒发现一切都是虚幻，使我失魂落魄、六神无主。这几句试图以十几年的夫妻之情感化汉武帝。

据《长门赋》序中所说，汉武帝读此赋后大为感动，"陈皇后复得亲幸"。但由于序言提到了汉武帝的谥号"孝武皇帝"，而实际上司马相如先于汉武帝去世，不可能知道汉武帝的谥号，而且史书上也没有记载汉武帝后来对陈阿娇回心转意的情况，所以有人认为《长门赋》是后人伪作。不过这篇赋很像司马相如的风格，而且对后世造成了极大的影响。聂石樵先生在《先秦两汉文学史》中指出,《长门赋》是最早的宫怨诗,开后代写"宫怨"作品之先河。我有点儿怀疑赋是司马相如写的,序是后人加的。但是不管怎么样,从汉代开始,"长门"就成了女子被遗弃的代名词。

再看"秋扇见捐"。这个典故来源于《团扇歌》[①],作者是汉成帝早期宠爱的才女班婕妤。班婕妤既美貌又多才,一度很受汉成帝宠爱。有一次汉成帝甚至想让她和自己坐在一辆车上游览,却被班婕妤谢绝了。她说,我看过以前的画作,发现历代贤明的君主都有贤臣相随,只有夏、商、周三代亡国之君才总将宠爱的姬妾带在身边,现在陛下让我跟您同辇,岂不是和这些亡国之君一样了吗?像这样的直言进谏,万一惹怒了君王甚至会招来杀身之祸,幸亏当时汉成帝还比较重视班婕妤的意见,觉得她的话有道理,于是放弃了这种做法。后来汉成帝宠爱赵飞燕、赵合德姐妹俩。她们可是既不讲究妇德,也不会向君王进忠言的,她们总是千方百计地蛊惑汉成帝,只要能排斥其他妃嫔、得到汉成帝的专宠,她们什么手段都会用,什么损人利己的事都做得出来。在她们的排挤、诬陷下,汉成帝的许皇后被废,班婕妤也失宠了,她

---

① 《团扇歌》:又名《纨扇诗》《怨歌行》《怨诗》等。——编者注

于是写下《团扇歌》：

> 新裂齐纨素，皎洁①如霜雪。裁为合欢扇，团团似明月。出入君怀袖，动摇微风发。常恐秋节至，凉飙②夺炎热。弃捐箧笥中，恩情中道绝。

这首诗用秋凉之后被丢掉的扇子比喻自己失宠。班婕妤失宠后，主动要求去长信宫陪伴太后，也借此避开了赵氏姐妹对她的进一步迫害。汉成帝驾崩后，班婕妤又主动要求去守陵，不久以后就去世了。

班婕妤这首《团扇歌》以《怨歌行》之名收录于《昭明文选》，以《怨诗》之名收录于《玉台新咏》。《玉台新咏》中有序称："昔汉成帝班婕妤失宠，供养于长信宫。乃作赋自伤，并为怨诗一首。"她的赋也写得相当好。

但历史的发展有时会偏离人们的预期。班婕妤去世大约五十年以后，班家又有一位才女班昭出生了。她是著名历史学家班固

---

① 皎洁：另有版本作"鲜洁"。——编者注
② 凉飙：另有版本作"凉风"。——编者注

的妹妹，她的父亲班彪是班婕妤的亲侄子，所以班婕妤是她的姑祖母。班昭嫁给曹世叔不久，曹世叔就去世了，汉和帝听说班昭博学高才，把她请到宫中，让皇后和妃嫔都把她当作老师对待。由于班昭是曹世叔的夫人，因此宫廷里尊称她为"曹大家"①，"大家"是对有学问的女性长辈的尊称。班昭得到汉和帝和邓太后的尊重，她在续写史书之余，写了一篇《女诫》，这篇文章是对女性的训诫，而且成为后世封建统治者在思想上禁锢女性的金科玉律。《女诫》包括卑弱、夫妇、敬慎、妇行、专心、曲从、叔妹七个部分，教导女性为人处事的原则。简而言之，就是要求女子要遵守"三从之道""四德之仪"。《女诫》是古代"男尊女卑"的性别观念的集大成者。我们看看"专心第五"中的一段话：

夫有再娶之义，妇无二适之文，故曰夫者天也。天固不可逃，夫固不可离也。行违神祇，天则罚之；礼义有愆，夫则薄之。

这段话是什么意思？意思就是在一个家庭里，妻子死了，丈

---

① 曹大家："家"字在这里读作"gū"，同"姑"。——编者注

夫理应再娶；丈夫死了，妻子必须守寡。因为丈夫是尊贵的，是妻子的天。如果违背了上天的意志，就会受到上天的惩罚；妻子如果违背了礼义，就会受到丈夫的怠慢。

这位有学问、讲道德的才女，这位被历代封建统治者奉为"女教教主"的人物，把压制女性、贬低女性的观点，以理论的形式确定下来，千百年以来像铁锁一样套在千千万万女性的头上。

我有时会想，如果班昭在黄泉之下见到班婕妤，她会不会对姑祖母指手画脚一番，说班婕妤的《团扇歌》没有把夫君当作"天"，甚至还埋怨夫君，太不符合《女诫》的标准了？

悔教夫婿觅封侯

"悔教夫婿觅封侯"这句诗出自王昌龄的《闺怨》："闺中少妇不知愁，春日凝妆上翠楼。忽见陌头杨柳色，悔教夫婿觅封侯。"王昌龄本来是将闺中少妇对丈夫的思念加以诗意化描写，而"悔教夫婿觅封侯"这句诗却相当准确地概括了古代女子一种普遍的忧愁，而且这种忧愁早在王昌龄出生前一千年就已经存在了。

现在人总说"男人有钱就变坏"，而古代人往往认为"男人做官就变心"。古代女性经常处于一种两难的选择中,如果不鼓励丈夫求取功名,夫妇俩就只能做普通百姓、柴米夫妻;如果鼓励丈夫求取功名,丈夫功成名就之后,他身边的女人大概率就是别人了。唐代杜羔妻刘氏[①]的《闻夫杜羔登第》就写出了妻子这种心情:"长安此去无多地,郁郁葱葱佳气浮。良人得意正年少,今夜醉眠何处楼?"

如何挽回变心的丈夫,成了古代知识女性的大难题,关于这件事的讨论,可以说是八仙过海,各显神通。其中较为知名的故事包括苏蕙制作《回文璇玑图诗》(以下简称《璇玑图》)感化丈夫,以及管道昇写"你侬我侬词"。我们先来了解一下《璇玑图》。

南北朝时期,才女苏蕙是陈留县令苏道质[②]的女儿,她聪明伶俐,既会写诗,又会织锦,苏道质把她嫁给右将军窦子真的孙子窦滔,两人感情一直很好。后来,窦滔受到苻坚重用,步步高升,于是他也就像有些"成功男人"一样,开始寻花问柳,纳

---

① 杜羔妻刘氏:一说为赵氏。——编者注
② 苏道质:苏蕙父亲名有多种记载,《全唐文》收录的《织锦回文记》中有"窦滔妻苏氏,陈留令武功道质第三女也"一说,此外还有苏道贤、苏道盾等不同说法。——编者注

歌伎赵阳台为妾。后来窦滔被任命为泰州刺史，要前去镇守襄阳，苏蕙为他纳妾一事生气，拒绝与他同去，于是他就带着赵阳台去上任，把苏蕙丢在家里不闻不问了。苏蕙黯然神伤，于是用五色丝线织成一幅回文诗图寄给窦滔。这幅《璇玑图》上共八百四十一字，有多种读法，从哪个方向读都能连成诗句，还能连成四言诗、五言诗或七言诗。苏蕙在这幅图里，既表达了对丈夫的思念、依恋，又表达了对丈夫建功立业的支持，还引用班婕妤等历史人物自喻。窦滔看到这幅图，立刻感受到了妻子的灵心慧性，于是良心发现，送走了赵阳台，把苏蕙接到身边。后来女皇武则天看到这幅图，大为赞赏，写了一篇《织锦回文记》。有学者认为，从诗学的观点来看，《璇玑图》本身可以有不同的读法，就是将作者的权力释放给读者，是一种多元化的体现。其实若论诗歌的思想艺术成就，《璇玑图》恐怕连三流水平都算不上，但是这幅图在当时影响广泛，简直成了文人雅士的游戏机，引得不知多少文人挖空心思进行解读，就像欧美国家流行的填字游戏一样广受欢迎。苏蕙的《璇玑图》在诗歌史上并没有留下可以传诵的诗句，在我看来，这种创作可能只是女性面对男性的霸凌时为求得自保而做出的选择，算是一个比较可悲的案例。

苏蕙生活在公元四世纪，在大约九百年后，十三世纪杰出的女性书画家兼诗人管道昇也遇到了同样的难题。管道昇字仲姬，世称管夫人。她是著名政治家管子的后裔，不知什么原因，她在闺中待到二十七岁左右才出嫁，她的丈夫赵孟𫖯是著名书画家，还是宋太祖赵匡胤的第四子赵德芳的后裔。赵孟𫖯在元朝很受重视，担任过济南路总管、泰州尹、翰林侍读学士和荣禄大夫等。赵孟𫖯的书画造诣相当高，蒲松龄的《聊斋志异》里有一篇《画马》讲的就是赵孟𫖯画的一匹马成了妖，日行千里，最后又回到画中的故事。赵孟𫖯五十岁时，管道昇四十多岁，赵孟𫖯产生了纳妾的想法，于是写了首小词给妻子，引用历史上苏东坡等文人纳妾的事例，给自己想纳妾做理论依据：

我为学士，你做夫人。岂不闻，陶学士有桃叶桃根，苏学士有朝云暮云。我便多娶几个吴姬越女何过分。你年纪也过四旬，只管占住玉堂春。

赵孟𫖯理直气壮地向管道昇宣布他要纳妾，在他看来这是一件理所当然的事，是历史上若干跟他一样身份的男人都做过的。他提醒管道昇已经人老珠黄，认为只要自己仍然给她保留正房夫人的身份，她就应该满意了。而且他不仅想纳妾，还想多娶几个吴姬、越女那样的美女。

管道昇收到赵孟頫的词后，回复了一首词：

> 你侬我侬，忒煞情多，情多处，热如火。把一块泥，捻一个你，塑一个我。将咱两个，一齐打破，用水调和。再捻一个你，再塑一个我。我泥中有你，你泥中有我。与你生同一个衾，死同一个椁。

管道昇非常聪明地处理这个棘手的难题，她不哭不闹，不责备夫君变心，也不直接反对夫君纳妾，只是用十分热情又富有谐趣的诗句，表达自己对丈夫的深情：咱们的感情太好了，已经是你中有我，我中有你，我离不了你，你也离不了我，咱们活着睡一个被窝，死了睡一个棺椁。言外之意，咱们两个人好到这种程度，还能容忍第三者吗？赵孟頫受到感动，打消了纳妾的念头。

赵孟頫、管道昇这对艺术家在才华上可以说是旗鼓相当的。管道昇和赵孟頫一样是著名书画家，她曾经被太后召见，奉旨画一幅梅花并题诗。赵孟頫被封为魏国公后，管道昇也被封为魏国夫人。

还真是无巧不成书，管道昇还曾经用五色笔书写过苏蕙的《璇玑图》。

如果论艺术成就，管道昇大概不如赵孟頫，但是如果论人格，我认为管道昇高于赵孟頫。赵孟頫不仅动过纳妾的念头，而且比较汲汲于功名，而管道昇有魏晋之风，她比较淡泊名利，相比于官场得意，她更加向往归隐田园，过五柳大夫式的生活。她在《渔父词四首》中这样写：

《渔父词四首》其三

身在燕山近帝居，归心日夜忆东吴。斟美酒，鲙新鱼，除却清闲总不如。

《渔父词四首》其四

人生贵极是王侯，浮利浮名不自由。争得似，一扁舟，弄月吟风归去休。

这是多么潇洒的气度，再大的官职也不如心灵自由更重要，靠近皇帝哪里比得上坐在小船上喝酒呢？

不管是苏蕙还是管道昇，她们都是利用女性的温柔和才思，极其偶然地在家庭中制止了男权霸凌。在中国古代，这二位女士的经历可以说是凤毛麟角，千千万万被冷落、被遗弃的女性，可绝对没有她们这样幸运。

从戚夫人到冯小青

"怨女"在中国古代的出现，不仅和男性的霸凌与见异思迁具有密切的关系，而且和"妒女"的存在也往往是密不可分的。可以说，"怨女"和"妒女"是中国古代女性受到压迫后最典型的两种产物。

戚夫人是汉高祖宠爱的美女，汉高祖即位后，立吕雉为皇后，立吕雉的儿子刘盈为太子。戚夫人得宠后，汉高祖嫌太子刘盈为人仁慈懦弱，想废掉他，立戚夫人的儿子刘如意为太子。据《汉书》记载，吕后受到威胁后，接受了张良的建议，让太子刘盈以十分谦恭的态度请出秦朝四个很有名的隐士来辅佐他，这四个隐士因为不满意秦始皇的暴政到商山归隐，号称"商山四皓"①。刘邦

---

① 商山四皓：秦朝末年四位博士，包括东园公唐秉、夏黄公崔广、绮里季吴实、甪（lù）里先生周术。——编者注

忽然发现太子身边多了四个白发苍苍的老人，一问才知道原来是他自己请了好几次都没请出来的"商山四皓"，这使他觉得太子羽翼已成，就打消了换太子的念头。汉高祖去世，刘盈即位为汉惠帝，吕雉被尊为太后。她对戚夫人恨之入骨，立刻下令将戚夫人关在永巷，逼迫戚夫人剃掉头发，戴上枷锁，穿着破旧的衣服舂米。戚夫人对吕太后的毒辣显然缺乏认识，她在舂米时唱了一支歌，这支歌在后世被称为《戚夫人歌》或《舂歌》：

子为王，母为虏，终日舂薄暮，常与死为伍。相离三千里，当谁使告女。

意思是：儿子你做了赵王，你的母亲却成了奴隶，一天到晚舂米，从清晨到日落，还常有死亡的危险。我和你相隔太远，让谁去给你送信告知你来救我？

这支歌戚夫人是唱给她千里外根本不可能听到的儿子赵王刘如意听的，却给她自己和儿子带来了杀身之祸。吕太后很快就知道了戚夫人唱歌的事，对戚夫人想让儿子来救她非常愤怒，于是决定先将刘如意除掉。吕太后派人召刘如意回长安，试图借机下手。但汉惠帝刘盈为人忠厚，担心刘如意被害，就尽力保护这个同父异母的弟弟。吕太后给刘如意送来的食物，刘盈要先尝过才让刘如意吃。但有一天刘盈早起外出，刘如意单独留在宫里，吕太后便趁机派人将刘如意毒死了。吕太后随后进一步迫害戚夫人，将戚夫人挖去眼睛，熏聋耳朵，毒哑喉咙，砍掉手脚，丢进地下室里，还将她称作"人彘"。戚夫人受到这样残酷的虐待，当然很快就死了。吕太后还特意让刘盈去看她制造的"人彘"，刘盈得知"人彘"竟然是戚夫人，被吓得大哭起来，很快病倒了。刘盈后来自暴自弃，七年以后就去世了。吕太后又先后立刘盈的两个儿子刘恭、刘弘为傀儡皇帝，她自己临朝称制，做了八年事实上的女皇帝。

美女变成"人彘"，大概是中国历史上最悲惨的"怨女"了。

"怨女"一代一代怨下去，"妒女"一代一代妒下去。清代鸳湖烟水散人的小说集《女才子书》卷一讲述了冯小青的故事，开篇就是雪庐主人对她的评价："千百年来，艳女、才女、怨女，未有一人如小青者。"

明朝万历年间，冯小青凄美动人的事迹被很多人所熟知。她是个真实存在过的才女，用诗的形式将自己的不幸记录下来，留给了后世。明代文人对她的故事饶有兴趣，通过很多文学作品广为传播。我一直觉得，冯小青这个真实的人物，对曹雪芹创造林黛玉这个艺术形象起到了一定的作用。

冯小青本名冯玄玄,字小青。她是广陵(今江苏省扬州市)人。当时社会上有女塾,就是专门教女孩儿读书的私塾,那里的塾师都是女性。冯小青的母亲就是个女塾师。当母亲到私塾上课时,年幼的冯小青也随母亲去塾堂,就这样成了旁听生。女学生背诵诗文,冯小青也跟着背诵。传说有个尼姑曾经到她家里去,教她读《心经》,只读了一遍,她就能一字不错地背下来。尼姑对她的母亲说:令爱很聪明,但有薄命相,希望能让她跟我出家。如果不能去,也不要教她识字,这样她才有可能活到三十岁。这一情形,在《红楼梦》中幼年林黛玉的身上也出现过。

冯小青十六岁时,她的父母贪图钱财,把她嫁给杭州的冯公子为妾,因为跟丈夫同姓,她就以"小青"为名。冯公子的嫡妻非常妒忌美丽而有文化的冯小青,对她百般折磨。冯妻有个亲戚杨夫人,为人善良,她曾经跟冯小青学下围棋,对冯小青非常欣赏。她曾经劝冯小青干脆离开冯家,跳出火坑,冯小青却说自己命该如此。冯小青画了一幅观音像,早晚焚香礼拜,希望观音能保佑自己好好跟冯公子过下去,还写了这样的诗:

稽首慈云大士前,莫生西土莫生天。愿为一滴杨枝水①，洒作人间并蒂莲。

但观音并没有保佑她跟冯公子成为人间并蒂莲。不久，冯妻就命令丈夫把冯小青送到他们家的孤山别墅中，而且禁止冯公子前往。冯小青孤独地住在别墅中。她看到窗外的梅花，便写下这样的诗，咏叹暗香浮动的梅花在她眼里变成啼血的杜鹃花：

春衫血泪点轻纱，吹入林逋处士家。岭上梅花三百树，一时应变杜鹃花。

她孤苦伶仃地在池边临波照影后，写下这样的诗：

新妆竟与画图争，知在昭阳第几名。瘦影自临春水照，卿须怜我我怜卿。

她对自己的美丽很自负，认为自己如果能进入宫廷，可能会像赵飞燕一样得宠。

---

① 此句另有版本为"愿将一滴杨枝水"。——编者注

《牡丹亭》是明代很有影响的戏曲作品。冯小青读过《牡丹亭》戏本后深有感触，写下了她最有影响的一首诗：

冷雨幽窗不可听，挑灯闲看牡丹亭。人间亦有痴于我，岂独伤心是小青。

冯小青想念冯公子，冯公子却杳无音信。冯小青抑郁成疾，自知时日无多，于是把自己的画像挂在墙上，自己祭奠一番，然后给杨夫人写了一封信，末尾附上一首诗：

百结回肠写泪痕，重来惟有旧朱门。夕阳一片桃花影，知是亭亭倩女魂。

她大概想告诉冯公子，自己死后，只要看到夕阳下的桃花影，就能看到自己的魂魄。写完这首诗，冯小青便一恸而绝，年仅十八岁。冯公子在她死后才赶来，悲痛欲绝。他看见冯小青的诗稿，想把诗稿和画像一起收起来留作纪念。但他的嫡妻随后赶到，把冯小青的画像和诗稿丢到火里。冯公子赶紧去抢，抢出了几张诗稿和给杨夫人的信，后来整理成了《焚余集》。这个懦弱的男人总算干了一件有点儿良心的事，也就使得冯小青的故事广为流传。明末清初著名散文家张岱在散文集《西湖梦寻》中对她有过记载。曹雪芹写《红楼梦》时，这个不幸才女的命运大概也给了他一定的启示。

中国古代女性的悲剧，总是跟男权有千丝万缕的联系。戚夫人和冯小青，只不过是千千万万不幸女性的两个缩影。戚夫人和冯小青的不幸多少还留下了文字记载，而其他千千万万女子的不幸，几乎都随着本人的消失而湮没无闻了。

悍妇薛素姐

薛素姐是清代长篇小说《醒世姻缘传》的女主角，她是中国古代文学最出格的"泼妇"、"悍妇"和"妒妇"。她的泼悍不仅在中国文学中前无古人后无来者，在世界文学中似乎也很难找到跟她旗鼓相当的形象，在心理学中，她可以算是变态心理的典型案例。

《醒世姻缘传》是一部描写封建社会末期世态的长篇白话小说，故事复杂曲折，人物生动形象，反映现实深刻细致，在人情小说中仅次于《红楼梦》和《金瓶梅》。小说用鲁中方言写成，也是研究山东方言的重要资料。

《醒世姻缘传》讲述了一个两世姻缘、因果报应的故事。在第一世中，监生晁源宠爱小妾珍哥，受凌辱的妻子计氏上吊自杀。晁源打猎时还曾射杀过一只狐狸。在第二世中，晁源托生为明水镇狄员外的儿子狄希陈，计氏托生为他的小妾童寄姐，晁源猎杀的狐狸托生为他的妻子薛素姐。这一妻一妾联手虐待丈夫，薛素姐对狄希陈轻则破口大骂、拳打脚踢、口咬牙撕，重则动用私刑，创造了各种各样就地取材的家庭酷刑，虐待丈夫。我们看看其中几种酷刑：

针刺。薛素姐认为丈夫做了她不喜欢的事，或者丈夫并无过错，只是自己想折磨他，就把丈夫抓了来，用一根桃红色腰带，一头拴到床脚上，一头拴在狄希陈的腿上，自己拿着两根纳鞋底的大针，像官府的酷吏对待犯罪分子一样，穷凶极恶地对狄希陈审问一会儿，针扎狠刺一会儿，逼他招认。

打耳光。薛素姐稍不如意，就扇丈夫的耳光。有一次狄希陈一只脚刚跨进房门，薛素姐猛地一个巴掌打在他脸上，打巴掌声音之大，外边的人都以为是天上打雷，都仰着脸看天，却不知道这是妻子在打丈夫。

用铁钳夹肉。薛素姐拿一把铁钳拧丈夫，拧得狄希陈浑身上下像结了无数颗紫葡萄，只能声嘶力竭地哭喊"救人"。

棒槌打。薛素姐拿根粗棒槌，冲着丈夫就打。少的时候打二百棒，多的时候打六百棒，打得狄希陈浑身肿胀，一个月下不了床。

她自己还发明了一种酷刑——炭烧。薛素姐从后面抓住狄希陈的衣领，用小铲子把烧红的炭倒进衣领中，把狄希陈整个后背烧得血肉模糊，休养了一个多月才稍微好些。

薛素姐私设监狱，在自己的床头一边画地为牢，横着拦上一根带子，挂上门帘，把狄希陈监禁在里边。狄希陈如果敢出去，就会被她打个半死。她晚上不让狄希陈上床休息，让他仰面朝天躺在非常窄小的长条凳上，用绳子反绑着他的手脚。狄希陈饿了，不给饭吃；渴了，不给水喝。什么时候薛素姐高兴了，觉得多少解气了，才把狄希陈放下来。

更有甚者，薛素姐不仅自己在家里私设公堂，还害得狄希陈因为她丢了官。

薛素姐把"三从四德"视为无物。不仅虐待丈夫，还辱骂公婆，诅咒娘家的父母，她的公婆和娘家的父亲都被她气死了。公婆死了，她也不服孝，而且认为自己这样做是理所当然的。

《醒世姻缘传》虽然穷形尽相地写出了中国古代文学第一"悍妇"，创造了石破天惊的妻子虐待丈夫的情节，但作者却有根深蒂固的"男尊女卑"的观点。他对薛素姐这个人物是否定的，对女性不守妇道深恶痛绝。他给薛素姐安排的结局是"恶有恶报"。比如在第七十六回中,薛素姐给猴子穿上丈夫的衣服,整天打骂,结果被猴子抓瞎了一只眼,咬掉了鼻头,原本美貌如花的薛素姐变成丑陋不堪的怪物。

薛素姐的所作所为,也太不像话、太不可理喻了吧?为什么在男权主义盛行的古代社会,会出现薛素姐这样完全颠覆男权的人物,能把"男尊女卑""夫为妻纲""三从四德"等所有对女性的规训都踏在脚下?除去作者安排的两世因果报应,我在这里打一个不一定准确的比方,小说里的女子虐待丈夫,就像底层民众不能忍受贪官污吏的盘剥,揭竿而起,进行起义一样。妇女在男权的沉重压迫下,忍无可忍,就以成为"泼妇""悍妇""妒妇"的形式进行反抗,薛素姐只不过是一个极端的表现。其实,在现实生活中,在野史甚至正史记载中,在文学、艺术作品中,都出现过不知多少花样翻新的"泼妇""悍妇""妒妇"。《金瓶梅》的女主角潘金莲,就是千方百计地迫害家中与自己"争宠"的主要对手李瓶儿,甚至丧尽天良,用一只猫害死了李瓶儿刚过周岁的儿子,并不管这个儿子是丈夫西门庆传宗接代的希望。《红楼梦》的核心人物之一,"金紫万千谁治国,裙钗一二可齐家"的王熙凤,她处心积虑地害死尤二姐,也不管尤二姐肚子里的胎儿可能是丈夫贾琏唯一的儿子。蒲松龄在《聊斋志异》的《夜叉国》这篇小说里写了夜叉国奇闻。他在篇末感叹"家家床头有个夜叉在",认为这个社会上贤妇少,泼妇、夜叉多。《聊斋志异》创造了一系列"悍妇""泼妇""妒妇",比如《江城》里的江城、《吕无病》里的王天官的女儿、《邵九娘》里的金氏、《阎王》里的嫂子、《段氏》里的连氏等。而其中写"悍妇"最著名的故事,就是可以和《江城》媲美的《马介甫》,篇末还有一篇骈文"《妙音经》之续言",把历朝历代的"妒妇"来了个集大成,简直可以称为《古代妒妇典》了。

这种"物极必反"的社会现象很值得研究,但是古代文学的男性研究者好像对此还不够重视,希望能有女学者做这方面的研究。当然,这种事有时会受到男学者们善意的调侃。我想起一件极小也极有趣的事。1993年我参加中国古代小说国际研讨会,会议组织各国学者冒雨到古旧书店淘书,美国芝加哥大学教授蔡九迪兴奋地告诉我:"马老师,你快到那边书架上拿本书!有一本我在美国找了好几年都没找到的《醋葫芦》!"《醋葫芦》是清代一本专门描写女人妒忌、吃醋的小说,我马上就跑过去拿了一本。这个时候旁边一位著名的法国老学者就调侃我们俩说:"你们看到没有?不管多么有名的女学者,她们首先关心的是《醋葫芦》!"

《醒世姻缘传》的作者一般被认为是清代小说家西周生,但在二十世纪八十年代末,我到北京大学看望吴组缃先生的时候,他曾经对我说,胡适、孙楷第还有他本人,都认为《醒世姻缘传》的作者是蒲松龄。但我个人并不同意这个观点。

结语

冰心说过:"世界上若没有女人,这世界至少要失去十分之五的'真'、十分之六的'善'、十分之七的'美'。"在上古神话中,天塌了是女娲补好的,人类是女娲创造的。中国古代作家描写女性真、善、美的故事,可以说是浩如烟海:嫦娥奔月、牛郎织女、孟母三迁、岳母刺字、花木兰替父从军、女驸马、女状元等,女性的能力和美德在这些作品中都得到了展现。

我的"品读古代女子"系列是从另一个角度审视中国古代女性在男权霸凌下的生存状态。在男权至上的古代,天生丽质的女性,不仅会成为男性的玩物,还往往会成为男性君主胡作非为,导致国家灭亡的替罪羊,如杨贵妃;流芳百世的女性文人,常常是在男权重压下进行创作的,其作品往往是其心灵痛苦和奋力抗争的真实记录,如李清照。封建制度直接造成了男女不平等的现实,不仅体现在法律上,还体现在伦理道德上。"男尊女卑"的观念持续了几千年,对女性的禁锢和残害比比皆是,这使得古代社会除了有"美女"和"才女",还有大量的"怨女"和"妒女",她们的生存状态,也就成了文学创作与研究中既热闹又凄惨的主题。那么,这些"美女""才女""怨女""妒女"是否得到了作家客观、充分的演绎呢?我认为并没有。因为在古代作家中占据"统治"地位的是男性,而在他们的头脑中占据统治地位的,往往是封建社会"男尊女卑"的主流意识形态。所以即便是那些著名作家创作的进入世界名著行列的经典作品,也存在这种男权霸语,比如,《三国演义》《水浒传》《聊斋志异》等。所以正如我在前文所说的,《三国演义》是女性的"文学贞节碑",《水浒传》是女性的"文学耻辱柱",《聊斋志异》则反映了作者的男权霸语和情爱乌托邦。在古代文学及古代历史中,这种男权霸凌的现象非常普遍,我举的例子不过是其中的一部分,甚至只是一小部分。

女性主义话题在世界上已经流行了很多年,现在仍然是热门话题。因为在现实社会中,不管是在中国还是在外国,不乏对女性地位和生存状态的探讨。如果精力允许,我还会继续关注这个话题,关注中国古代文学中的女性形象,我也希望未来能有更多的学者、专家、作家和有识之士,一起就这个话题进行研究和探讨。

图书在版编目（CIP）数据

怀忧终年岁：中国古代女子生存实录 / 马瑞芳著. -- 成都：天地出版社，2025.3. -- ISBN 978-7-5455-8507-0

Ⅰ. K828.5-49

中国国家版本馆CIP数据核字第2024ZX8060号

HUAI YOU ZHONG NIANSUI: ZHONGGUO GUDAI NÜZI SHENGCUN SHILU

怀忧终年岁：中国古代女子生存实录

出 品 人	陈小雨　杨　政
作　　者	马瑞芳
责任编辑	吕　晴
责任校对	马志侠
封面设计	V　霄
责任印制	王学锋

出版发行	天地出版社 （成都市锦江区三色路238号　邮政编码：610023） （北京市方庄芳群园3区3号　邮政编码：100078）
网　　址	http://www.tiandiph.com
电子邮箱	tianditg@163.com
经　　销	新华文轩出版传媒股份有限公司

印　　刷	北京天宇万达印刷有限公司
版　　次	2025年3月第1版
印　　次	2025年3月第1次印刷
开　　本	880mm×1230mm 1/32
印　　张	7.75
插　　页	8P
字　　数	157千字
定　　价	49.00元
书　　号	ISBN 978-7-5455-8507-0

版权所有◆违者必究

咨询电话：（028）86361282（总编室）
购书热线：（010）67693207（营销中心）

如有印装错误，请与本社联系调换

以后常用文字，分类人选雄甲

天壹文化